Faustbuch

Aus dem Frühneuhochdeutschen übertragen
ins Neuhochdeutsche von

Gerhard Wahle

FAUSTBUCH

Aus dem Frühneuhochdeutschen
übertragen ins Neuhochdeutsche von
Gerhard Wahle

ibidem-Verlag
Stuttgart

Bibliografische Information Der Deutschen Bibliothek

Die Deutsche Bibliothek verzeichnet diese Publikation in der Deutschen Nationalbibliografie; detaillierte bibliografische Daten sind im Internet über <http://dnb.ddb.de> abrufbar.

∞

Gedruckt auf alterungsbeständigem, säurefreien Papier
Printed on acid-free paper

ISBN: 3-89821-403-6

Printed in Germany

Eine Einführung

I. Vorbemerkungen zur Rezeptionsgeschichte.

Die Person des Dr. Faust und ihre Darstellung in Volkssage und Literatur vom frühen Mittelalter bis in die Neuzeit hat vielfache Wandlungen im Laufe der Jahrhunderte erfahren in allen Kulturen, in denen sie eine Rolle spielen konnte, sowohl in der Literatur, als auch in bildender Kunst und Musik, besonders in der Zeit der Aufklärung und Romantik.

Als Literatur-Beispiel der Neuzeit sei Thomas Mann, Doktor Faustus genannt. Gegenwärtig kann man bestimmte Tendenzen in der Literatur kaum noch übersehen: Nämlich, daß neben dem gedruckten Buch der Film als eine Art und Ausdrucksform der Literatur auftritt, obwohl, meines Wissens, dieser Anspruch von ihm noch nicht erhoben wurde. Beispielhaft sei auf einen Artikel in DIE ZEIT Nr.23 vom 27. Mai 2004, S.37 mit dem Titel: "Forscher am Rande des Weltuntergangs" hingewiesen, der Stoff zu Überlegungen in der angedeuteten Richtung bieten könnte. Wobei die ausführliche Darstellung des Befindens, Forschens und Schicksals eines Individuums nur exemplarisch für die Situation der gesamten Menschheit zu verstehen sein soll.

Vielen unvergessen dürfte der Faust- Film mit Gustaf Gründgens als Mephisto sein

Als Quellen dienten mir:

1) Hans Henning, Faust in fünf Jahrhunderten, Halle (Saale) 1963
2) Helmut Häuser, Gibt es eine gemeinsame Quelle zum Faustbuch von 1587 und Goethes Faust? Wiesbaden 1973, 1. Aufl.
3) Gerhard Hendel, Von der deutschen Volkssage zu Goethes "Faust". Weimar1974, 3. Aufl.
4) Rainer Dorner, "Doktor Faust", Kronberg / Ts. 1976
5) Gerd Eversberg, Diss., Doctor Johann Faust, Köln 1988
6) Faustbuch, aus Romane des 15. und 16. Jahrhunderts, Hsg. Jan Dirk Müller, Bd. 1, Frankfurt am Main 1990. Dies sei vor allem denjenigen empfohlen, die über die

notwendigerweise begrenzten Fußnoten hinaus, weitergehende Erläuterungen, über Informationen zu lokalen, persönlichen oder literarischen Bezügen des Textes suchen: und zwar

Register S. 981 - 985

Textgrundlage S. 1319 - 1363

Stellenkommentar S. 1363 - 1430

1. Literarische Zeugnisse:

   FAUSTBUCH, gedruckt 1587 durch Johann Spies, Frankfurt am Main. Prosaroman, nachgedruckt in I.. 6) S. 831 - 996. Der Mensch strebt nach Vollkommenheit, gerät dadurch zwischen Gut und Böse, wird unschuldig schuldig und geht in diesem Zwiespalt zugrunde. Das kann aber nicht das Los der Menschheit sein, aus der Verdammnis muß es einen Ausweg, eine Erlösung geben: (Lessing, Goethe): Suche nach Erkenntnis, Vollkommenheit, Wissen um die letzten Dinge des Lebens (Erkennen, was die Welt im Innersten zusammenhält)

2. Musik:

   Charles Gounod (1818 - 1898), Opern u. a. "Faust" in Frankreich (in Deutschland "Margarete")

   Hector Berlioz (1803 - 1898) "Auf Berlioz' Reisen war die Partitur zu seiner dramatischen Legende 'Fausts Verdammung' entstanden.[1]

2. Bühnenstücke

   Auch Goethe muß den Druck von 1587 gekannt haben; aber auch schon lange vorher - und auch vor Lessing, von dessen Faust- Drama nur Fragmente überliefert sind - gab es Bearbeitungen des Stoffes für die Bühne: Besonders zu nennen ist hier der englische, erfolgreiche Dramatiker - ein Zeitgenosse Shakespeares - Christopher Marlowe (1564 - 1593) "The tragical history of

---

[1] zitiert aus Dr. Hans Schnoor, Hsg., Oper, Operette, Konzert, Gütersloh, 1955, 1.Aufl.

Doctor Faustus", gestaltet nach der o. g. Historia von D. Johann Fausten (1587); uraufgeführt wahrscheinlich 1592! Außer diesem ersten Bühnenstück über das Faust- Thema von literarischem Rang, das in der Folgezeit auch in das Repertoire der zeitgenössischen Wanderbühnen einging, sowie ebenso in die, auf Jahrmärkten und zum Teil auch an Adelshöfen, beliebten Puppen- und Marionettentheater des 17. und 18, Jahrhunderts.

Das ***Gretchen Motiv*** klingt erstmals im Faustbuch des Nürnberger Arztes Pfitzer 1674 auf.

Faust und sein Leben werden nun in Distanz zu den Sagenerzählungen realistischer gesehen: Die magischen Fähigkeiten werden bezweifelt, aber die Mahnungen und Warnungen an alle vorsätzlichen, potentiellen Sünder (vgl. Vorred an den Christlichen Leser, S.5 ff.) werden verstärkt, so daß mit vermutlich 33 Auflagen in der Zeit von ca. 1726 bis 1820 das Buch "Des Durch die gantze Welt beruffenen Ertz-Schwartz-Künstlers und Zauberers Doctor Johann Fausts von Eynem Christlich Meynenden[2]. Franckfurt und Leipzig 1726. von einem anonymen Verfasser ein Publikumserfolg geworden ist, wie die "Historia" von 1587.(vgl. Titelseite des Druckes von 1587 S. 1.)

Alle diese und die folgenden Fassungen insbesondere des 18. Jahrhunderts endeten mit dem Untergang und der Höllenfahrt Fausts. Erstmals die schon erwähnte, leider nur fragmentarisch erhaltene Fassung Lessings weicht hiervon ab und stellt zum Ende die Erlösung Fausts in Aussicht.

3. Urkundliche Zeugnisse über die Existenz des historischen Dr. Faust:

   Drei Zeugnisse aus unterschiedlichen Städten gibt es, die die Existenz eines Dr. Faust belegen, nämlich

   - aus Bamberg eine Kämmereirechnung aus 1519 -1520, mit namentlicher Nennung eines D. Faust ,der dem Bischof ein Horoskop gestellt habe.
   - aus Ingolstadt ein Ratserlaß über eine verfügte Ausweisung eines D. Georg Faust

[2] meynen: glauben, bezwecken, bedeuten, etwas wollen, einen Sinn haben, eine Bedeutung unterlegen, usw.

- dito eine Ausweisungsverfügung aus Nürnberg

4. Volksbücher über D. Faust

   Die Vermutungen über den anonymen Verfasser des weit verbreiteten und beliebten Volksbuches, das auch Johann Spies 1587 zur Vorlage für seinen Druck diente, sind reine Spekulation, wie auch nicht gänzlich auszuschließen ist, daß Spies selber der Verfasser ist. Spies stammte aus Königstein im Taunus, und war ein erklärter Gegner Melanchthons.

Inhaltsverzeichnis

HISTORIA

VON D.[3]

JOHANN FAUSTEN

DEM WELTBESCHREYTEN[4] ZAUBERER VNND /

SCHWARTZKUENSTLER /

WIE ER SICH GEGEN DEN TEUFFEL AUFF EINE

BENANDTE ZEIT VERSCHRIEBEN / WAS ER INZWISCHEN FÜR

SELTZAME ABENTHEUWER GESEHEN / SELBS ANGERICHTET

VND GETRIEBEN / BISS ER ENDLICH SEINEN WOL VERDIENTEN

LOHN EMPFANGEN:

MEHRERTHEILS AUSS SEINEN EYGENEN HINDERLASSENEN

SCHRIFFTEN / ALLEN HOCHTRAGENDEN[5] / FÜRWITZIGEN VND

GOTTLOSEN MENSCHEN ZUM SCHRECKLICHEN BEYSPIEL / AB-

SCHEUWLICHEM EXEMPEL / VND TREUWHERZIGER WARNUNG

ZUSAMMEN GEZOGEN / VND IN DEN DRUCK VERFERTIGET:

IACOBI IIII:

SEIT GOTT VUNDERTHÄNIG / WIDERSTEHET DEM

TEUFFEL / SO FLEUHET ER VON EUCH:

CUM GRATIA ET PRIVILEGIO[6]

GEDRUCKT ZU FRANCKFURT AM MAYN

DURCH JOHANN SPIES: M.D.LXXXVII.

---

[3] DOKTOR

[4] berüchtigten

[5] hoch- übermütigen

[6] mit (kaiserlicher) Druckerlaubnis und Schutz gegen Nachdruck

WIDMUNG

Des ehrnhafften / Wolachtbaren vnnd Fürnemmen Caspar Kolln / Churfürstlichem Meyntzischen Amptschreibern / Vnd Hieronymo Hoff / Renthmeistern in der Graffschaff Königstein / meynen insbesonders günstigen[7] lieben Herrn vnd Freunden.

Gottes Gnad / meinen Gruß vnd Dienst zuvor / Ehrenhaffte / Wolachtbare / günstige liebe Herren vnd Freunde / Nachdem nun viel Jar her ein gemeine[8] vnd grosse Sag in Teutschland von Doct. Johannis Fausti / deß weitbeschreyten Zauberers vnd Schwartzkünstlers mancherley Abenthewren gewesen / vnd allenthalben ein grosse nachfrage nach gedachtes[9] Fausti Historia bey den Gastungen vnd Gesellschafften geschicht. Deßgleichen auch hin vnd wider bey etlichen newen Geschichtschreibern dieses Zauberers vnnd seyner Teufflischen Künste vnd erschrecklichen Endes gedacht wirdt / hab ich mich selbs auch zum offtermal verwundert / daß so gar niemandt diese schreckliche Geschicht ordentlich verfassete / vnnd der gantzen Christenheit zur warnung / durch den Druck mittheilete / hab auch nicht vnterlassen bey Gelehrten vnd verständigen Leuten nachzufragen / ob vielleicht diese Histori schon allbereit von jemandt beschrieben were / aber nie nicht gewisses erfahren können / biß sie mir newlich durch einen guten Freundt von Speyer mitgetheilt vnd zugeschickt worden / mit begeren / daß ich dieselbige als ein schrecklich Exempel deß Teuffelischen Betrugs / Leibs vnd Seelen Mords / allen Christen zur Warnung / durch den öffentlichen Druck publicieren vnd fürstellen wollte. Dieweil es dann ein mercklich vnnd schrecklich Exempel ist / darinn man nicht allein deß Teuffels Neid / Betrug vnd Grausamkeit gegen dem Menschlichen Geschlecht / sehen / sonder auch augenscheinlich spüren kann / wohin die Sicherheit[10] / Vermessenheit vnnd fürwitz letzlich einen Menschen treibe / vnd ein gewisse Vrsach sey deß Abfalls von Gott /

[7] gewogenen

[8] allgemein verbreitete

[9] des erwähnten

der Gemeinschafft mit den bösen Geistern vnd verderbens zu Leib vnd Seel / hab ich die Arbeit vnd Kosten so viel desto lieber daran gewendet / vnnd verhoff hiemit allen denen / so sich wöllen warnen lassen / einen wolgefälligen Dienst zuerzeigen.

Diese Histori aber / Ehrnhaffte / wolachtbare / günstige[11] liebe Herrn vnd Freundt / hab ich E.E.vnd A.[12] dedicieren vnd zuschreiben wöllen / nicht der Meynung / als solt dieselbige [13] dieser Wahrnung für andern[14] bedürffen / denn mir / Gott lob E.E.vnd A. sonderlicher ernst vnd Eiffer zu Got / der waren Religion / Christlicher Bekändtnuß / vnd gehorsam auß täglicher Beywohnung[15] vnd Erfahrung gnugsam bekandt / Sondern zu einem öffentlichen Zeugnuß der sonderlichen Lieb vnd Freundschafft / die sich zwischen vns zum theil in der Schul zu Vrsel[16] / zum theil auß vieler Beywohnung vnd Gemeinschafft angefangen / vnd noch auff den heutigen Tag erhalten / auch / ob Gott wil / die vbrige zeit vnsers Lebens hie auff Erden vnnd in dem ewigen Vatterlandt währen vnd bestehen soll. Wie ich denn für meine Person darzu gantz geneigt bin / auch E.E. vnnd A. also gesinnet weiß / daß sie an allem dem / was zur erhaltung dieser vnser wolhergebrachten Freundschafft dienen mag / nichts werden erwinden [17] lassen. Jch erkenne mich zwar schuldig[18] / E.E.vnd A. in anderm vnnd mehrerm vnd mit allem dem / was ich vermag / zu willfahren vnnd zu dienen / Weil ichs aber auff dißmal besser nicht hab / auch E.E. vnnd A. durch Gottes Segen an zeitlicher Nahrung vnd leiblichn Gütern dermaßen geschaffen[19] begabet weiß / daß sie meiner hierin nit bedürfen / hab ich dennoch E.E. vnd A. auß meiner Truckerey mit diesem Büchlein verehren wöllen / Sonderlich mir auß vorigen Gesprächen

---

[10] Selbstgewißheit

[11] s. Fußnote 5)

[12] Euer Ehren und Achtbarkeit

[13] (Anrede in der 3.Person:) ihr

[14] mehr als andere

[15] Umgang

[16] Vusel) Oberursel

[17] ermangeln

[18] weiß mich wahrlich verpflichtet

17 versorgt

bewust daß E.E. und A. auch vor längest[20] dieser Historien fleissig nachgefragt Bitt derhalben / dieselbigen wollen mit diesem geringen Meßkram[21] auff dißmal von mir für gut nemmen / vnd mein günstige Herrn vnd Freundt seyn vnd bleiben. Thue E.E.vnd A.samt derselbigen gantzen Haußhaltung in den gnädigen Schutz vnd Schirm des Allmächtigen befehlen/

Datum[22] Franckfurt am Mayn / Montags den *4. Sept. Anno M.D L. XXX.VII.*

E.E. vnd A.

Dienstwilliger

Johann Spies

Buchdrucker

daselbst

---

[20] seit langem

[21] (wertlose) Ware für Buchmessen

[22] gegeben

Vorred an den
Christlichen Leser.

Wjewol alle Sünde in jhrer Natur verdammlich sind / vnnd den gewissen Zorn vnd Straffe Gottes auff sich tragen / so ist doch von wegen der vngleichen Vmbstände jmmer eine Sünde grösser vnd schwerer / wirdt auch beydes[23] hie auff Erden / vnnd am Jüngsten Tag ernstlicher von Gott gestrafft / denn die andern / Wie unser HERR Christus selbst saget / Matth. 11. Es werde Tyro / Sydon / vnd Sodoma am jüngsten Tag träglicher[24] ergehen / denn Chozazim / Bethsaida vnd Capernaum. Ohn allen zweiffel aber ist die Zauberey vnd Schwartzkünstlerey die gröste vnnd schwereste Sünde für Gott vnd für aller Welt / Daher auch Samuel die grobe vnnd vielfältige Sünde deß König Sauls ein Zauberey Sünde / Abgötterey vnd Götzendienst nennet / 1. Sam. 15. vnd weiß der H. Geist alle Sünde Sauls nicht anders zubeschreiben / denn mit den zweyen Worten: Abgötterey vnd Zauberey / dadurch sich ein Mensch aller dings[25] von Gott abwendet / sich den Götzen vnd Teuffeln ergibet / vnd denselben an Gottes statt mit gantzem Willen vnnd Ernst dienet. Wie denn Saul von Gott gar abtrünnig wirdt / alles wider sein Wort vnd Befelch muthwilliger weiß vnd wider sein eygen Gewissen fürnimmet vnd handlet / biß er endtlich gar an Gott verzweiffelt / denTeuffel selber zu Endor / bey der Warsagerin rahtsfraget / 1. Sam 28. Jst es aber nicht ein grewlicher vnd erschrecklicher Handel / daß ein vernünfftiger Mensch / der von Gott zu seinem Ebenbild erschaffen / vnd an Leib vnd Seel so hoch geehret vnd reichlich begabet / demselbigen einigen waren Gott vnnd Schöpffer / dem er alle Ehr vnnd Gehorsam sein Lebenlang schuldig ist / so schändtlich verlassen / vnd sich an einen erschaffenen Geist / darzu nicht an einen guten vnd heyligen Geist / als die lieben heylige Engel im Himmel sind / die in jrer angeschaffenen[26] Gerechtigkeit

[23] beydes] sowohl....als auch

[24] träglicher] erträglicher

[25] aller dings] völlig

[26] angeschaffenen] anerschaffenen

vnnd Reynigkeit betanden / [nicht] dienen lassen / Sonder an einen bösen verfluchten Lügen vnd Mordtgeist / der in der Waeheit vnd Gerechtigkeit nicht bestanden / vnnd seiner Sünde halben auß dem Himmel in den Abgrund der Hellen verstossen worden / mit Leib vnnd Seel / zu zeitlicher vnnd ewiger Verdammnuß zu eygen ergeben. Was könnte doch grewlichers vnd erschrecklichers von einem Menschen gesaget werden? Es ist auch der Teuffel nicht allein für sich ein abtrünniger / verkehrter vnd verdampter Geist / durch seinen Hoffart vnd Abfall von Gott worden / Sondern ist auch ein abgünstiger[27] / listiger vnd verführerischer Geist / Gottes vnnd deß Menschlichen Geschlechts wissentlicher vnd abgesagter[28] Feindt /der weder Gott seine Ehr bey den Menschen / noch den Menschen Gottes Huldt vnnd Seligkeit günnet / Sondern das in alle Weg nach seinem besten Vermögen hindert / vnd den Menschen von Gott abwendig machet. Wie er solches bald nach seinem Fall mit seiner That selbst leyder all zu geschwind an vnsern ersten Eltern erwiesen hat / in dem er nicht allein Gottes außtrücklich Gebott vbel vnd anders / als es gemeynet deutet / vnd Gott beschuldiget / als ob er den erschaffenen Menschen die höchste Seligkeit mißgünne / Sondern reitzet auch Euam eben dardurch zum Vngehorsam gegen Gott / vnd leuget vnd treuge[29] so lang vnd viel / biß er nicht allein Euam / sondern auch durch das Weib Adam selbst zu Fall bringt / vnd so viel an jm ist / nicht allein sie beyde / Sondern auch das gantz Menschliche Geschlecht ins zeitlich vnd ewig Verderben stürtzet. Vnnd ob wol hernach Gott sich wider vber die Menschen erbarmet / vnd jnen durch deß Weibs Samen[30] zu recht geholffen / auch zwischen der Teuffelischen Schlangen eine Feindtschafft gesetzt / so lässet doch der Teuffel nit nach / dem Menschlichen Geschlecht nachzustellen / vnnd sie zu allen Sünden / teitlicher vnnd ewiger Straff zu reitzen / vnnd zuverführen / wie 1. Pet. 5. steht: Ewer Widersacher der Teuffel geht vmbher / wie ein brüllender Löuwe / vnd suchet /

---

[27] abgünstiger] mißgünstiger

[28] wisentlicher vnd abgesagter] bewußter und erklärter

27 leuget und treuget] lügt und betrügt

[30] Samen] Nachkommenschaft (d.h.Chtistus)

welchen er verschlinge. Ja wenn er gleich einmal bey einem Menschen fehlgeschlagen vnd abgewiesen / oder wider außgetrieben worden / so lässet er doch nicht nach / sondern suchet wider an[31] / vnd wo er einen sicheren[32] Menschen antrifft / nimbt er sieben ärgere Geister zu sich / kehret ein vnd wohnet da / vnd wirdt mit einem solchen Menschen ärger als vorhin:Luc. 11. Derhalben vns auch der getrewe Gott so treulich vnd ernstlich

fürdeß Teuffels Grieffen[33] / Listen / vnd sonderlichen vor den Zauberischen Schwartzkünsten wahrnet / vnd vns dieselbige bey höchster vnnd eusserster Straff verbeut / daß vnter seinem Volck kein Zauberer seyn / keiner auch die Zauberer rahtsfragen soll. Leuit. 19. Jhr solt euch nicht wenden zu den Warsagern / vnnd forschet nicht an den Zeichendeutern / daß jhr nicht an jhnen ver-ververvnreiniget werdet. Denn ich bin der HERR ewer Gott. Deut. 18. Du solt nicht lernen thun die Grewel dieser Völcker / daß nicht vnter dir funden werde / der sein Sohn oder Tochter durchs Feuwer gehen lasse / oder ein Weissger oder ein Tagwehler [34] / oder der auff Vogelschrey achte / oder ein Zauberer oder Beschwerer[35] / oder Warsager / oder ein Zeichendeuter / oder der die Todten frage / Denn wer solches thut / der ist dem HERRN ein Grewel / vnd vmb solcher Greuwel willen vertreibet sie der HERR Gott für dir her. Es dräwet[36] auch Gott den Zauberern vnd Schwartzkünstlern vnd jhren Anhängern die höchste Straff / vnnd befilcht der Obrigkeit dieselbige an jhnen zu.exequirn[37] Levit. 20. Wenn ein Mann oder Weib ein Warsager oder Zeichendeuter sein wirdt / die sollen deß Todts sterben / man soll sie steinigen / jr Blut sey auff jhnen. Wer auch jemals Historien gelesen / der wirt befinden / wenn gleich die Obrigkeit jr Ampt hierin nit gethan / daß doch der Teuffel selbst zum Hencker an den Schwartzkünstlern worden. Zoroastres / den man für Misraim / deß Chams Sohn /

[31] suchet <...> an] greift an

[32] sicheren] auf sich vertrauenden

[33] Grieffen] Ränken

[34] Tagwehler] der die Glücks- oder Unglückstage bestimmt

[35] Beschwerer] Beschwörer

[36] dräwet] droht an

[37] zuexequirn] zu vollstrecken

helt / ist vom Teuffel selbst verbrennet worden. Einen andern Zauberer / der sich vermessen / die Zerstörung der Statt Troia einem fürwitzigen Fürsten zu representieren vnnd für die Augen zu stellen / hat der Teuffel lebendig hinweg in die Lufft geführet / Johannes Franciscus Picus. Deßgleichen hat er auch einem Graffen von Matiscona vber seiner Zauberey gelohnet / Hugo Cluniacensis. Ein anderer Zauberer zu Saltzburg / wolt alle Schlangen in ein Gruben beschweren / war aber von einer grossen vnd alten Schlang mit in die Gruben gezogen vnd getödtet / VVierus de praestigijs Daemonum lib. 2. ca. 4. Jn Summa / der Teuffel lohnet seinen Dienern / wie der Hencker seinem Knecht / vnnd nemmen die Teuffelsbeschwerer selten ein gut Ende / wie auch an D. Johann Fausto zusehen / der noch bey Menschen Gedächtnuß gelebet / seine Verschreibung vnnd Bündnuß mit dem Teuffel gehabt / viel seltzamer Abenthewr vnd grewliche Schandt vnd Laster getrieben / mit fressen / sauffen / Hurerey vnd aller Vppigkeit[38] / biß jm zu letzt der Teuffel seinen verdienten Lohn gegeben / vnd jm den Halß schrecklicher weiß vmbgedrehet. Damit ist es aber noch nicht gnug / sondern es folgt auch di ewige Straff vnnd Verdammnuß / daß solche Teuffelsbeschwerer endtlich zu jrem Abgott dem Teuffel in Abgrund der Hellen fahren / vnd ewiglich verdampt seyn müssen. Wie Paulus Galat. 5. sagt: Wer Abgötterey vnd Zauberey treibe / werde das Reich gottes nicht ererben. Vnnd Apocal. 21. Der Zauberer / Abgöttischen vnd Lügener Theil werde seyn in dem Pful / der mit Feuwer vnd Schweffel brennet / welches ist der ander[39] Todt. Das heisset dann fein geschertzt vnd gekurtzweilet mit dem Teuffel / vnnd das suchet der Schadenfro / daß er die Menschen durch sein Zauberey an Leib vnd Seel schände vnnd verderbe. Wie soll vnd kann es auch wol ,anders gehen / wenn ein Mensch seinen Gott vnd Schöpffer verlassen / Christum seinen Mittler verläugnet / den im H. Tauff mit der H. Dreyfaltigkeit auffgerichten Bund vernichtiget / alle Gnaden vnd Gutthaten Gottes / vnnd sein eygen Heyl vnnd Wolfahrt zu Leib vnd Seel in die Schantz schläget / den Teuffel zu Gast lädet / Bündnussen mit jm auffrichtet / vnd

[38] Vppigkeit] Ausschweifung

[39] ander] zweite

38 einige] einzige

also bey dem Lügen vnd Mordgeist Warheit vnd Glauben / bey einem wissentlichen vnnd abgesagten Feind guten Raht vnd Lehr / vnd bey dem verdampten Helledrachen einige[40] Hoffnung / Glück vnd Segen suchet. Das ist ja kein Menschliche Schwachheit / Thorheit vnd vergeßlichkeit / oder / wie es S. Paulus nennet / ein Menschliche Versuchung / Sondern ein recht Teuffelische Boßheit / ein muthwillige Vnsinnigkeit vnd grewliche Verstockung /die mit Gedancken nimmermehr ergründet / geschweige dann mit Worten außgesprochen werden kann / darob auch ein Christenmensch / wann ers nur nennen höret / sich von Hertzen entsetzen vnd erschrecken muß.

Fromme Christen aber werden sich für solchen Verführungen vnd Blendungen deß Teuffels wissen zuhüten / vnnd bey dieser Historien fleissig bedencken die Vermahnung / Jacob. 4. Seit Gott vnterthänig / widerstehet dem Teuffel / so fleuhet er von euch / nähet euch zu Gott / so nähet er sich zu euch. Vnd Eph. 6. Seit starck in dem HERREN / vnnd in der Macht seiner Stärcke / ziehet an den Harnisch Gottes / daß ihr bestehen könnet wider die listige Anläuff deß Teuffels. Sollen jhnen auch fürstellen das Exempel Christi / welcher den Teuffel mit Gottes Wort von sich treibet / vnnd alle Anfechtungen vberwindet.

Damit aber alle Christen / ja alle vernünfftige Menschen den Teuffel vnd sein Fürnemmen dest besser kennen / vnd sich dafür hüten lernen / so hab ich mit Raht etlicher gelehrter vnd verstendiger Leut das schrecklich Exempel D. Johann Fausti / was sein Zauberwerck für ein abschewlich End genommen / für die Augen stellen wöllen / Damit auch niemandt durch diese Historien zu Fürwitz vnd Nachfolge möcht gereitzt werden / sind mit fleiss vmbgangen vnnd außgelasen worden die *formae coniurationum*[41],vnnd was sonst darin ärgerlich [42] sein möchte / vnnd allein das gesetzt / was jederman zur Warnung vnnd Besserung dienen mag. Das wöllest du

---

[41] *formae coniurationum*] Beschwörungsformeln

[42] ärgerlich] anstößig

Christlicher Leser zum besten verstehen / vnd Christlich gebrauchen / auch in kurtzem deß Lateinischen Exemplars von mir gewärtig sein, Hiermit Gott befolen.

Es folgt nunmehr die Geschichte des D. Johann Faust in heutiges Hochdeutsch übertragen von Gerhard Wahle nach dem Erstdruck in Frühneuhochdeutsch von Johann Spies in Frankfurt am Main, 1587.

Oldenburg, Juli 2004

Des berüchtigten Zauberers D. Johann Fausts
Geburt und Studien

Doktor Faust war der Sohn eines Bauern, geboren zu Roda bei Weimar, der zu Wittenberg eine große Verwandtschaft gehabt hatte. Seine Eltern waren gottesfürchtige und christliche Leute, wie auch ein zu Wittenberg seßhafter Vetter, der ein angesehener und wohlhabender Bürger war, der den Johann Faust aufgezogen und wie sein eigenes Kind gehalten hat, da er ohne Erben war, und ihn zu seinem Erben erzog. Er ließ ihn in die Schule gehen und Theologie studieren. Er hat aber später kein gottesfürchtiges Leben geführt und Gottes Wort mißbraucht. Wir wollen aber die Eltern und Verwandten. die gerne das beste für ihr Kind erhofft hätten, wie es alle frommen Eltern gern hätten und dazu auch die notwendigen Mittel besaßen, nicht tadeln und sie auch nicht in diese Geschichte hineinziehen, denn sie haben auch dic Gräuel dieses gottlosen Kindes nicht erleben noch sehen müssen. Gewiß ist, daß die Eltern (wie allgemein in Wittenberg bekannt), sich sehr darüber gefreut haben, daß ihr Vetter das Kind aufnahm und als sie dann seine geistigen Anlagen und seinen Scharfsinn erkannten, folgte daraus, daß sie ihm alle Fürsorge angedeihen ließen, so wie Hiob im 1. Kap. für seine Kinder gesorgt hat, damit sie sich nicht gegen den HERRN versündigten. Es passiert aber öfter, daß fromme Eltern gottlose, ungeratene Kinder haben wie an Kain, Gen.4., Ruben, Genes. 49., Absalon, 2.Reg. 15. und 18. zu sehen ist Das erzähle ich deshalb, weil viele von euch diesen Eltern große Schuld und Verfehlung zum Vorwurf machen, die ich aber hiermit von aller Schuld freisprechen möchte, weil solche Schreckgespenster den Eltern nicht nur rechte Schande bereiten, sondern als hätte Faust von seinen Eltern gelernt, wozu sie etliche Punkte aufführen, nämlich: Sie hätten ihm allen Mutwillen in der Jugend zugelassen und ihn nicht streng zum Studieren angehalten, das mache auch den Eltern Schande. Des weiteren: Da die Freunde seinen überlegenen, schlauen Verstand erkannt hatten, und daß er zur Theologie nicht die richtige Lust hatte und öffentlich geredet wurde, er habe sich der Zauberei verschrieben, hätten sie ihn rechtzeitig davor warnen und abraten müssen, daß dies alles Phantastereien seien. Aber das soll ihnen nicht vorgeworfen werden, denn sie haben sich nicht schuldig gemacht. Vor allem: Zum Thema:

Da Doktor Faust einen überlegenen, schlauen Verstand besaß, der ihn zum Studieren befähigte und geneigt machte, hat er später in seinem Examen durch die Rektoren erreicht, daß man ihm die Magisterprüfung abnahm, zusammen mit 16 anderen Kandidaten die er im Examen in allen Fragen übertroffen hat und der Beste war. so daß er für seinen Teil genug studiert hatte und zum Doktor der Theologie promoviert wurde. Daneben hatte er aber einen törichten, dummen und hochmütigen Verstand, wie man ihn denn jederzeit einen Grübler und Phantasten genannt hatte. Er ist in schlechte Gesellschaft geraten, hat die Heilige Schrift verleugnet und frevelhaft und gottlos gelebt (wie diese Geschichte im folgenden ausführlich belegt). Ein wahres Sprichwort sagt: Was zum Teufel will, das lässt sich nicht aufhalten. Außerdem fand D. Faust zu Gleichgesinnten, die mit chaldäischen, persischen, arabischen und griechischen Wörtern, Zauberbildern und -zeichen Beschwörungsformeln, Zaubergesängen und wie solche Namen der Beschwörung und Zauberei noch heißen mögen Umgang pflegten. Und dabei handelte es sich um lauter Dardanische Zauberkünste, Schwarzkünste, Zaubergesänge, Giftmischerei, Orakel, und wie derartige Bücher, Wörter und Gesänge sonst noch heißen mögen.Das gefiel dem D. Faust alles sehr gut; er grübelte und studierte darüber Tag und Nacht, wollte danach sich nicht mehr einen Theologen nennen lassen, wurde ein Weltlicher, der sich Doktor der Medizin nannte, Astrologie und Mathematik betrieb und um den Anschein zu wahren, trat er als Arzt auf und half anfangs vielen Leuten mit Arzneien, Kräutern, Wurzeln, Wässern, Tränken, Rezepten und Klistieren. Dabei war er redegewandt ohne Angeberei, in der Göttlichen Schrift bestens erfahren und kannte Christi Gebot sehr wohl: Wer den Willen des HERRN kennt und folgt ihm nicht, der wird doppelt bestraft. Denn: Niemand kann zwei Herren dienen und: Du sollst Gott den HERREN nicht versuchen. Das alles aber schlug er in den Wind und vernachlässigte sein Seelenheil. Dafür kann es keine Entschuldigung für ihn geben.

Dr. Faust als Arzt und wie er den Teufel beschwor.

Wie oben berichtet, war das Bestreben des D. Faust darauf gerichtet, das zu lieben, was nicht zu lieben war: Dem trachtete er Tag und Nacht nach, er glaubte, ihm könnten Adlers Flügel wachsen, so daß er alle Gefilde und Geheimnisse des Himmels und der Erde ergründen könnte. Sein Vorwitz und seine Verwegenheit stachelten ihn an und reizten ihn so, daß er zeitweilig begann Zaubersprüche und Beschwörungsformeln, um den Teufel erscheinen zu lassen, anzu -wenden .Er begab sich dazu in einen dichten Wald, der, wie auch von anderen berichtet wurde, bei Wittenberg gelegen genannt der Spesser -Wald[43], wie denn D. Faust später selbst bekannt hat. In diesem Wald an einem Kreuzweg eines Abends machte er mit einem Stock große Kreise um sich herum und dazu noch

zwei, die oben in den großen Kreis hineinpassten. Dann beschwor er den Teufel in der Nacht zwischen 9 und 10 Uhr. Da wird gewißlich sich der Teufel ins Fäustchen gelacht und dem Faust den Hintern gezeigt und gedacht haben: Wohlan, ich werde dir schon deinen Mut und dein Herz kühlen und dich zum Narren halten, damit mir nicht nur dein Leib, sondern auch deine Seele gehören und du wirst mir gehorchen, und dahin, wo ich nicht hin will, werde ich dich als meinen Boten senden! Das geschah dann auch und der Teufel narrte den D. Faust nach allen Regeln der Kunst und

---

41Spesser Wald] wahrscheinl. ein Gehölz namens Specke bei Wittenberg, von Luther in Tischreden erwähnt als Ort von Unzucht, Ehebruch, Gefährdung und Verführung

brachte ihn an seinen Futtertrog.. Denn als D. Faust den Teufel beschwor, da tat der so, als ob er an der Sache nicht interessiert wäre und keine Lust auf den Tanz hätte: Er ließ in dem Wald einen solchen Tumult los, als sollte alles zu Grunde gehen und daß sich die Bäume bis zur Erde nieder bogen. Danach ließ er den Wald voller Teufel erscheinen, die in und neben den Kreisen des D. Faust erschienen, als ob da lauter Wagen wären, dann schossen von allen vier Ecken etwas wie Bolzen und Pfeile auf den Kreis zu, danach ein heftiger Kanonenschuss mit einer großen Explosion. Im Wald wurden sodann Musik und Gesänge mit großem Getöse gehört, sowie Tänze und danach Turniere mit Spiessen und Schwertern , daß dem D. Faust die Zeit so lang vorkam, daß er vorhatte, aus dem Kreis zu fliehen. Letztlich fasste er ber doch wieder einen gottlosen Entschluss und beharrte auf seinem vorigen Vorhaben, egal, was daraus würde, er hub wiederum an, den Teufel zu beschwören, worauf dieser einen solchen Tumult vor seinen Augen aufführte wie folgt: Er erschien, als ein Greif oder Drachen über dem Kreis schwebend und schlug mit den Flügeln, wenn D. Faust seine Beschwörungen vornahm, dabei kreischte das Ungeheuer jämmerlich, kurz danach fiel aus einer Höhe von drei oder vier Klafter ein feuriger Stern herab, der sich zu einer Feuerkugel verwandelte, worüber D. Faust fann doch gewaltig erschrak; jedoch war er so versessen aauf sein Vorhaben (was man ihm hoch anrechnen muss), sich den Teufel untertan zu machen , wofür D. Faust später bei einer Gesellschaft sich selber bekannte: Es sei ihm das mächtigste Haupt auf Erden untertänig und gehorsam. Worauf ihm die Studenten antworteten, sie wüssten kein höheres Haupt als den Kaiser, den Papst, oder den König. Darauf sagte D. Faust: „Das Haupt, das mir untertänig ist, ist höher und bezeugte das mit dem Brief des Paulus an die Epheser: Der Fürst dieser Welt auf Erden und unter dem Himmel, etc. Er beschwor also diesen Stern nhach den beiden vorhergehenden nun zum dritten Male, worauf ein mannshoher Feuerball erschien, der herniederging. Es waren sechs Lichter darauf zu sehen. Mal sprang eines in die Höhe, dann ein anderes herunter, bis sich alles änderte und die Gestalt eines feurigen Mannes annahm, der eine viertel Stunde lang um den Kreis herumging. Bald danach verwandelten sich Teufel und Geist in die Gestalt eines Barfüßer-Mönchs, der mit Faust ins Gespräch kam und fragte, was er begehre.

Darauf verlangte D. Faust, daß er morgen um 12 Uhr nachts ihm in seiner Wohnung erscheinen solle; das weigerte sich der Teufel eine Weile. D. Faust aber beschwor ihn bei seinem Herrn, ihm sein Begehren zu erfüllen, was der Geist ihm zuletzt zusagte und bewilligte.

Es folgt der Disput des D. Faust mit dem Geist

Doktor Faust, nachdem er am Morgen zu Hause ankam, bestellte den Geist in seine Stube. Der dann auch erschien, um zu hören, was sein Begehren wäre. Man muss sich wundern, daß ein Geist, von dem Gott seine Hand abgezogen hat, einem Menschen solch einen Tumult bereiten kann. Aber, ein Sprichwort sagt: Solche Verschwörer werden letztendlich den Teufel sehen, hier oder dort. D. Faust begann sein Gaukelspiel erneut, beschwor ihn von neuem und legte dem Geist einige Vertragsbedingungen vor:

- Erstens, daß er ihm untertänig und gehorsam sei in allem, was er erbitte, frage oder zumute bis zu seinem- Fausts -Tod .
- Ferner solle er ihm dasjenige, was er von ihm fordern würde nicht vorenthalten.
- Auch, daß er ihm auf alle Befragungen nichts Falsches antworten dürfe.

Der Geist verweigerte aber seine Zustimmung und gab als Begründung, daß er keine Vollmacht für solche Verträge hätte, solange ihm sein Herr, der über ihn herrsche, ihn dazu nicht ermächtigt hätte, und er sagte: „Lieber Faust, dein Begehren zu erfüllen, steht nicht in meiner Entscheidung und Macht, sondern nur in derjenigen des Herrschers der Hölle.“ Antwort D. Fausts darauf: „Wie soll ich das verstehen? Bist du nicht so mächtig, solche Entscheidungen selbst zu treffen?“ Die Antwort des Geistes war: Nein! Faust entgegnet ihm: „Lieber, erkläre mir den Grund!“ „Du musst wissen, Faust“, sagte der Teufel, „daß bei uns, genau wie auf der Erde, auch wir eine Regierung und Untertanen haben, von denen ich einer bin, und unser Reich nennen wir die Legion. Denn, obwohl der verstoßene Lucifer aus Hoffahrt und Übermut sich selbst zu Fall gebracht hat, hat er doch eine Herrschaft über eine große Zahl von

Teufeln eingerichtet, wir nennen ihn den orientalischen Fürsten, denn seine Herrschaft begann im Osten. Gleichwohl erstreckt sich sein Reich aber auch über den Südem, den Norden und den Westen; und da Lucifer, der gefallene Engel, seine Herrschaft und sein Reich auch unter dem Himmel hat, müssen wir uns anpassen und uns zu ihnen begeben, denn sonst könnte der Mensch mit seiner Macht und seinen Künsten uns dem Lucifer abspenstig machen, es sei denn, er schicke einen Geist, wie ich einer bin. Zwar haben wir den Menschen das wahre Fundament unserer Heimat, wie auch unserer Herrschaft und Regierung niemals offenbart, außer nach dem Tod eines verdammten Menschen, der es dann erfährt und erleidet.“ D. Faust entsetzte sich darüber sehr und sagte: „Ich will nicht deinetwegen verdammt werden.“ Die Antwort des bösen Geistes:

Auch, wenn du nicht willst, hilft keine Bitte,
Hilft keine Bitte, dann musst du mit,
Holt man dich, dann merkst du es nicht,
Dennoch musst du mit, da hilft keine Bitte,
Dein verzweifeltes Herz hat es dir verscherzt.

Darauf sagte D. Faust: „Daß du kriegest des Teufels Gallensteine und Salben, heb‘ dich von dannen.“ Als jetzt der Teufel entweichen wollte, wurde D. Faust sofort wankelmütig und beschwor ihn, ihm zur Vesperzeit wieder hier zu erscheinen und anzuhören, was er ihm weiter würde vorschlagen. Darin willigte der Teufel ein und verschwand von ihm. Hier ist zu sehen des gottlosen Faust Herz und Gesinnung, als der Teufel ihm, wie man sagt, das Lied des Judas sang[44], daß er in der Hölle schmoren müsse, und doch in seiner Halsstarrigkeit verharrte.

---

[44] das Lied des Judas sang] ihn verhöhnte

Der zweite Disput Fausts mit dem Abgesandten des Teufels, der Mephistophiles *genannt wird.*

Abends oder aber um die Vesperzeit, zwischen drei und vier Uhr, erschien der fliegende Geist dem Faust wieder, der erbot sich, ihm in allem untertänig und gehorsam zu sein, weil ihm das von seinem Obersten erlaubt worden sei, und er sagte zu D. Faust: „Die Antwort bringe ich und erwarte deine Antwort. Doch zuvor will ich von dir hören, was du von mir willst, nachdem du mir aufgetragen hast, zu diesem Zeitpunkt hier zu erscheinen." Darauf antwortete D. Faust voller Zweifel und seiner Seele schädlich; denn sein Verlangen ging letztlich nur dahin, daß er sein Menschsein aufgäbe und ein leibhaftiger Teufel würde, oder ein Teil davon, und er verlangte von dem Geist folgendes:

Erstens, daß er auch über die Fähigkeiten eines Geistes verfügen könne, sowie dessen Form und Gestalt annehmen könne, wenn er es wolle.

Zweitens, daß der Geist alles tun müsse, was er verlange und von ihm haben wolle.

Drittens, da0 er ihm geflissentlich untertänig und gehorsam sein solle, wie ein Diener.

Viertens, daß er sich jederzeit, so oft er ihn aufforderte und riefe, sich in seinem Hause einfinde

Fünftens, daß er in seinem Hause unsichtbar tätig sein müsse, und sich vor niemandem, als vor ihm sehen lassen dürfe; es sei denn auf seinen ausdrücklichen Wunsch oder Befehl.

Sechstens, daß er ihm, so oft er es fordere, und in der Gestalt, die er verlange, erscheinen solle.

Zu diesen sechs Punkten sagte der Geist dem Faust, daß er ihm in allem gehorsam und zu Diensten sein wolle, sofern er ihm andererseits auch einige vorzulegende Paragraphen anerkenne, und wenn er das tue, so wäre der Vertrag rechtskräftig, und dies sind die Bedingungen des Geistes:

Erstens, daß er, Faust, verspreche und schwöre, daß er sein, des Geistes, ei gen sein solle.

Zweitens, daß er das zur größeren Bekräftigung, mit seinem eigenen Blut unterschreiben werde und sich damit also ihm schriftlich ausliefere.

Drittens, daß er allen an Christus glaubenden Menschen feindlich gegenüber stehe.

Viertens, daß er den Christlichen Glauben verleugnen werde.

Fünftens, daß er sich nicht werde verführen lassen, wenn ihn andere bekehren wollten..

Hinwiederum werde der Geist ihm, Faust, eine bestimmte Anzahl von Jahren vorgeben, nach deren Ablauf er ihn holen werde. Wenn er die genannten Bedingungen einhalte, werde er alles bekommen, was sein Herz begehre und wonach ihm gelüste, und er werde alsbald merken, daß er eines Geistes Gestalt und Kräfte habe. D. Faust war in seinem Hochmut und Stolz so verblendet, wenn er sich auch ein wenig besann, daß er doch sein Seelenheil nicht retten wollte, sondern dem bösen Geist alles zusagte, und alle Bedingungen einzuhalten versprach. Er vermeinte, der Teufel wäre nicht so schwarz, wie man ihn malte, und die Höll nicht so heiß, wie man sie schilderte, usw.

Die dritte Unterredung D. Fausts mit dem Geist über seine Versprechungen.

Nachdem D. Faust die geforderten Zusagen gemacht hatte, forderte er, daß der Geist am nächsten Tag morgens früh ihn aufsuche und stellte die Bedingung, daß er, so oft er ihn auch anforderte, er in der Gestalt und Kleidung eines Franziskaner Mönchs, mit einem Glöckchen erscheinen solle, und vorher mit demselben einige Zeichen geben sollte, damit er an dem Geläut erkennen könne, wenn er zu ihm komme. Er fragte den Geist dann, wie sein Name sei und wie er genannt werde. Der Geist antwortete, er hieße *Mephistophiles.* Eben in dieser Stunde fiel der gottlose Mann von seinem Gott und Schöpfer ab. Ja, er wurde damit ein Gefolgsmann des verruchten Teufels, und sein Abfall von Gott ist nur ein Ausdruck seines Stolzes, Hochmuts, Verzweiflung und Vermessenheit, wie diejenige der Riesen, von denen die Dichter berichten, daß sie Berge zusammen -schieben und gegen Gott Krieg führen wollten. Ja auch , wie der böse Engel, der sich Gott widersetzte, und der daher wegen seiner Hoffahrt und seines Übermutes von Gott verstoßen wurde. Folge: Wer hoch steigen will, der fällt

auch tief.

Danach nun richtet er für den bösen Geist in seiner großen Vermessenheit den Vertrag, das Anerkenntnis und die schriftliche Bestätigung dafür her. Das war ein greuliches und schreckliches Machwerk, und es ist eine Schuldverschreibung, die nach seinem elendigen Tod in seiner Wohnung gefunden wurde.. Das soll allen frommen Christen zur Warnung und zum Exempel dienen, daß sie dem Teufel nicht folgen und sich an Leib und Seele schädigen, so wie denn D. Faust bald darauf seinen armen Gehilfen und Diener auch zu diesem teuflischen Werk verführt hat. Nachdem die beiden Parteien sich einig waren, nahm D. Faust ein spitzes Messer und stach damit eine Ader in seiner linken Hand auf, und man berichtet glaubhaft, daß in dieser Hand eine blutige, eingeritzte Schrift zu shen gewesen sei: *O Homo fuge*. Das bedeutet: Oh ,Mensch fliehe vor ihm und tue recht.

D. Faust fängt sein Blut in einem Gefäß auf,

erwärmt es und schreibt damit folgendes:

Ich Johannes Faust D. bekenne hiermit eigenhandschriftlich öffentlich Kraft dieses Briefes und zu seiner Bestätigung: Nachdem ich beabsichtigte, die Elemente der Natur zu studieren, die mir aber von Gott mitgebenen Geistesgaben und Geschicklichkeit dazu nicht ausreichten, und ich diese auch nicht von den Menschen erlernen konnte, so habe ich den anwesenden gesandten Geist, der sich *Mephistophiles* nenn*t,* ein Diener des höllischen Fürsten des Orients, gebeten, mich in diesen Künsten zu unterrichten und mich ihm anvertraut, der wiederum sich mir verpflichtet hat, mir in allem untertan und gehorsam zu sein. Hinwiederum habe ich mich verpflichtet und gelobe, daß nach 24 Jahren ab dem Datum dieses Briefes, er mit mir nach seiner Art und Weise, nach seinem Belieben, schalten, walten, verfahren, Vollmacht haben soll über alles, sei es Leib, Seele, Fleisch, Blut und Habe und das für alle Zeit. Danach verleugne ich alle Lebenden, alle Himmlischen Heerscharen und alle Menschen, und das muß sein. Zur festen Beurkundung und Bekräftigung habe ich dieses Vertragsprotokoll mit eigener Hand geschrieben, unterschrieben mit meinem hierher gepressten eigenen Blut meine Absicht, Gedanken und Willen verbindlich gemacht, versiegelt und bezeugt etc.

Unterschrift

Johann Faustus, Meister
der Elemente und Doktor
der Theologie.

Gegen D. Fausts Verstockung ist der folgende Vers und Reim zu zitieren:

WER seine Lust setzt auf Stolz und Übermut,
Und darin sucht seine Freude und Mut
Und alles dem Teufel zu Gefallen tut,
Der bereitet sich seine Strafe selbst,
Und verliert letztlich Seele, Leib und Gut.

Ferner:

Wer allein das Zeitliche achtet
Und auf das Ewige nicht trachtet,
Dem Teufel sich ergibtTag und Nacht,
Der habe gut auf seine Seele Acht.

Ferner:

Wer mutwillig ein Feuer anzündet,
Oder in einen Brunnen springt,
Dem geschieht ganz recht, wenn er da nicht wieder
herauskommt.[45]

In welcherlei Gestalten der Teufel Faust erschien

Im dritten Gespräch erschien dem Faust sein Geist und Famulus ganz fröhlich und mit beschwörenden Gesten. Er ging im Haus umher wie ein feuriger Mann, von dem

[45]] nach Sebastian Brand, Das Narrenschiff

Feuerströme - und Strahlen ausgingen. Darauf folgte ein Lärm und Geschrei, als ob Mönche sängen, deren Gesang niemand kannte. Dem D. Faust gefiel das Gaukelspiel nicht schlecht, er wollte ihn aber noch nicht in seine Wohnung bitten, bevor er gesehen hatte, was daraus werden sollte, und wohin das führen würde. Bald darauf war ein Getümmel zu hören von Spießen, Schwertern und anderen Waffen, daß er glaubte, man wolle das Haus erstürmen. Bald wiederum war eine Jagd zu hören von Hunden und Jägern, die Hunde hetzten einen Hirschen bis in D. Fausts Stube, wo er von den Hunden erlegt wurde.. Danach erschienen in D. Fausts Stube ein Löwe und ein Drache, die miteinander stritten. Obwohl sich der Löwe tapfer wehrte, wurde er dennoch überwunden und vom Drachen verschlungen. D. Fausts *Famulus* sagte, der habe wie ein Lindwurm ausgesehen: am Bauch Gelb, weiß gescheckt, Flügel und Oberteil schwarz , der halbe Schwanz wie ein Schneckenhaus gedreht, das die ganze Stube ausfüllte. etc. Dann sah man einen schönen Pfau eintreten, samt seinem Weibchen, die miteinander stritten, sich aber bald wieder vertrugen. Dann trat ein wütender Stier auf D. Faust zu, der nicht wenig erschrak, aber, wie er auf ihn zu stürmt, fällt er vor ihm nieder, und verschwindet. Danach ward ein großer, alter Affe gesehen, der D. Faust die Hand darbot, ihn ansprang und liebkoste und wieder zur Stube hinauslief. Dann geschah es, daß ein dichter Nebel die Stube erfüllte, so daß D. Faust nichts mehr sehen konnte; sowie aber der Nebel sich verzog, lagen vor ihm zwei pralle Säcke: der eine war gefüllt mit Gold, der andere mit Silber. Endlich ertönte ein lieblicher Klang von einer Orgel, dann eine kleine Orgel, Harfen, Lauten, Geigen, Posaunen, Flöten, Hörner, Querpfeifen usw. - alle jeweils vierstimmig, so daß D. Faust nichts anderes dachte, als daß er im Himmel sei, obwohl er doch bei dem Teufel war. Das dauerte eine ganze Stunde, so daß D. Faust so verblendet war, daß er sich einbildete, das alles würde ihn niemals reuen. Und hieran kann man sehen, wie der Teufel ein süßliches Spektakel macht, damit D. Faust in seinem Vorhaben nicht irre wird, sondern, daß er sein Vorhaben um so freudiger verfolgt und daran festhält. Bis jetzt war aber nichts Böses oder Abscheuliches zu sehen gewesen, sondern nur Lust und Freude. Deshalb ging der Geist *Mephistophiles* zu D. Faust in die Stube hinein in Gestalt und Aussehen eines Mönchs. D. Faust sprach zu ihm: „Du hast einen sehr schönen Anfang gemacht mit deinem Schauspiel und den Verwandlungen, womit du mich sehr erfreut hast. Wenn du so weiter machst, kannst du von mir alles Gute erwarten.“ *Mephistophiles* antwortete: „Oh, das war doch nichts, ich kann dir noch viel besser dienen, daß du stärkere und größere Wirkungen und Weisheiten an mir sehen wirst, so wie alles, was du von mir forderst, wenn du mir nur deine schriftliche Verpflichtung und dein Gelöbnis des Vertrages gibst.“ Faust reichte ihm den Vertrag und sagte: „Da hast du den Vertrag.“ *Mephistophiles* nahm das Dokument und verlangte von D. Faust, daß er eine Kopie davon mache. Das tat der gottlose Faust.

Von der Dienstbarkeit des Geistes gegenüber D. Faust

Als D. Faust dem bösen Geist das greuliche Dokument, das er mit seinem eigenen Blut eigenhändig verfasst und unterschrieben hatte, überantwortet hatte, ist gewiß zu vermuten, daß er auch von Gott und allen Engeln verlassen worden ist, da er gehandelt hat, nicht wie ein rechter gottesfürchtiger Hausvater, sondern wie der Teufel, wie Christus der HERR von dem sagt, der eine solche Heimstatt und ein Heiligtum hat, wenn er in einem Menschen wohnt. Der Teufel hat sich bei ihm einquartiert und gewohnt, weil er , wie das Sprichwort sagt, D. Faust den Teufel zu Gast geladen hat.

D. Faust wohnte bei seinem frommen Vetter, wie der es ihm dann im Testament vermacht hatte, mit ihm war täglich ein junger Schüler als Famulus, ein übermütiger Schmarotzer , mit Namen Christoph Wagner, dem dieses Treiben auch ganz gut gefiel, zumal ihn sein Herr beruhigte, er wolle einen hochgelehrten und tüchtigen Mann aus ihm machen, und da die Jugend seit jeher eher dem Bösen, als dem Guten zustrebt, so war es auch bei diesem. So hat D. Faust, wie oben gesagt, niemand in seinem Haus, als seinen *Famulus* und seinen bösen Geist *Mephistophiles*, der in

Gestalt eines Mönchs um ihn war, den er in seinem Studierzimmer beschwor, das er stets verschlossen hielt.

Um seine Verpflegung und Proviant brauchte sich D. Faust nicht zu sorgen: wenn er einen guten Wein haben wollte, brachte ihm der Geist ihn aus den Kellern, so, wie er wollte, wie er denn selbst auch einmal gesagt hatte, er verursache seinem Herrn, dem Kurfürsten, sowie den Herzog von Bayern und dem Bischof von Salzburg viel Schäden in den Kellern. Täglich hatte er auch köstlich gekochte Speisen; denn er beherrschte zauberische Künste, daß sobald er das Fenster öffnete und nach einem Vogel verlangte, den er gerne hätte, so flog ihm der zum Fenster hinein. Ebenso brachte ihm sein Geist von allen umliegenden Herrschaften, von den Höfen der Fürsten und Grafen, die besten gekochten Speisen, alles sehr fürstlich. Er und sein Schüler gingen stattlich gekleidet. Die fraglichen Gewänder musste ihm sein Geist nachts in Nürnberg, Augsburg, oder Frankfurt einkaufen oder stehlen, da die Händler des nachts nicht in ihren Läden zu sitzen pflegten. So erlitten auch die Gerber und Schuster entsprechende Verluste.

In Summa: Es war alles gestohlene und entwendete Ware, wie in einer ehrbaren Wohnung zu finden, aber dennoch gottloses Haus und Nahrung, wie Christus der HERR durch Johannes den Teufel einen Dieb und Mörder nennt, der er ja auch ist.Dazu hat ihm der Teufel versprochen, er wolle ihm wöchentlich 25 Kronen geben, das macht im Jahr 1300 Kronen als Jahresgehalt.

D. Faust möchte sich verheiraten.

Doctor Faust lebte also ein epikureisches Leben, Tag und Nacht. Er glaubte nicht, daß es einen Gott, Hölle oder Teufel gäbe, glaubte, Leib und Seele stürben miteinander, und er war sexuell so angeregt, daß er beschloss, eine Frau zu nehmen und sich zu verheiraten. Er fragte daher den Geist, der doch ein Gegner des Ehestandes, welcher nach Gottes Ordnung eingesetzt worden ist, ob er sich verheiraten könne? Der böse Geist antwortete ihm, was ihm denn einfiele? Und ob er nicht an seine Verpflichtung denke, und ob er diese nicht einhalten wolle? Wo er doch gelobt habe, gegen Gott und alle Menschen zu handeln. Außerdem sei der Ehestand für ihn unmöglich, da er nicht zwei Herren, also Gott und ihm, dem Teufel zugleich, dienen könne. Denn der Ehestand ist ein Werk des Höchsten, wir aber sind grundsätzlich dagegen; denn, was Ehebruch und Unzucht anbetrifft, das ist so recht in unserem Sinne. Daher, Faust, nimm dich in Acht, wenn du dich verehelichen willst, wirst du auf der Stelle von uns in kleine Stücke zerrissen werden. Lieber Faust, bedenke doch selbst, welche Unruhe, Widerwille, Zorn und Streit aus dem Ehestand sich ergeben. D. Faust bedachte bei sich alles Für und Wider, wie alle gottlosen Herzen nichts Gutes begründen können, da sie vom Teufel geleitet und geführt werden. Nachdem er nachgedacht hatte, fragte er seinen Mönch um Rat, da es ja der Mönche und Nonnen Art ist, sich nicht zu verehelichen, sondern es ihnen verboten ist. Aber auch D. Fausts Mönch redete ihm seine Gedanken strengstens aus. Darauf sagte D. Faust zu ihm: „Ich will mich aber trotzdem verheiraten, folge daraus, was es wolle!“ Da erhob sich unmittelbar darauf ein gewaltiger Sturm, der auf das Haus zutrieb, der alles zu vernichten drohte: Alle Türen wurden aus den Angeln gerissen, im Hause entstand eine Feuersbrunst, als ob es zu lauter Asche verbrennen sollte. D. Faust rannte in Panik die Stiegen hinab, da ergreift ihn ein Mann und wirft ihn wieder in die Stube zurück, daß er Hände und Füße nicht rühren konnte. Um ihm herum schlugen überall die Flammen hervor, die ihn zu verbrennen schienen. Da schrie er nach seinem Geist um Hilfe, er wolle auch in allem nach seinen Wünschen, Rat und Tat leben. Da erschien der leibhaftige Teufel, so grausam und erschrecklich, daß er ihn nicht ansehen konnte. Der fragte ihn: „Jetzt sage an, was begehrst du jetzt noch?“ D. Faust antwortete kurz, er habe sein gegebenes Versprechen nicht eingehalten und habe die Folgen nicht bedacht und bitte um Gnade und Verzeihung. Der Satan sagte kurz darauf: „Wohlan, dann halte dich hinfort daran! Ich sage dir, halte dich daran!“ Und verschwand. Dann kam der Geist *Mephistophiles* zu ihm und sagte: „Wenn du hinfort deine Versprechen einhalten wirst, dann werde ich deine Gelüste anders befriedigen, daß du dir nichts anderes mehr wünschen wirst. Und es ist dies: Wenn du nicht keusch leben kannst, dann werde ich dir Tag und Nacht eine Frau für dein Bett bringen, die du in dieser Stadt oder anderswo gesehen hast, und die du nach belieben zur Lust begehren kannst. So, wie du sie gesehen hast, soll sie dann bei dir wohnen." Dem D. Faust gefiel das sehr, so daß sein Herz vor Freude erzitterte, und er bereute, was er zuvor gedacht hatte. Er geriet auch in solches Verlangen nach Unzucht, daß er Tag und Nacht nur an schöne Frauen dachte so sehr, daß, wenn er heute mit dem Teufel Unzucht triebe, ihm morgen der Sinn nach einem anderen stünde.

Fragen D. Fausts an seinen Geist Mephistophiles.

Nachdem, wie zuvor beschrieben, Dokt. Faust die schändliche und gräuliche Unzucht mit dem Teufel getrieben hatte, übergab ihm sein Geist bald danach ein großes Buch über allerlei Zauberei und Schwarzkunst, worin er sich auch über die teuflische Ehe belustigt. Diese Zaubersprüche hat man später bei seinem Famulus Christoph Wagner gefunden. Bald ergreift ihn Übermut und er ruft seinen Geist *Mephistophiles,* zu einem Disput und sagt zu ihm: „Mein Diener, sage an, wes Geistes du bist?“ Der Geist antwortet: „Mein Herr Faust, ich bin ein fliegender Geist, der unter dem Himmel herrscht!“ „Wie ist aber dein Herr Lucifer zu Fall gekommen?“ Der Geist sagte: „Herr, wie mein Herr, der Lucifer, ein schöner Engel, von Gott erschaffen, ein Geschöpf der Seligkeit gewesen ist, so weiß ich so viel von ihm, daß man solche Engel die obersten der Hierarchie nennt, und es waren drei: Seraphin, Cherubin und der Thron- Engel, der erste dieser Fürsten Engel der regiert den Herrschaftsbereich der Engel, der zweite erhält und regiert oder schützt die Menschen, der dritte wehrt und steuert unserer Teufel Macht, sie werden auch Fürsten Engel oder Macht Engel genannt. Man nennt sie auch Engel der großen Wundertaten, Verkünder großer Ereignisse und Engel der Sorge für den Schutz der Menschen. So war auch Lucifer einer der schönen und Erzengel unter ihnen und

Raphael genannt, die beiden anderen Gabriel und Michael. Dies ist in Kürze mein Bericht, den ich dir geben kann.

Ein Disput über die Hölle und ihre Höhle.

Der D. Faust, wie man so sagt, hatte schlimme Ahnungen von der Hölle, und er fragte deshalb seinen bösen Geist auch nach dem Wesen, Ort und Erschaffung der Hölle und wie es damit beschaffen sei. Der Geist berichtet: Sofort, nachdem sein Herr gefallen sei, war ihm im gleichen Augenblick die Hölle bereitet, die ein finsteres Loch ist, worin der Lucifer mit Ketten gefesselt ist und also verstoßen und aufgegeben ist, bis er dem JÜNGSTEN GERICHT übergeben werden solle; in der Hölle ist nichts zu finden, als Nebel, Feuer, Schwefel, Pech und anderer Gestank. Deshalb können wir Teufel auch nicht wissen, in welcher Art und Weise die Hölle beschaffen ist und wie sie von Gott gegründet und errichtet wurde: denn sie hat weder Anfang noch Ende. Dies ist mein kurzer Bericht.

Eine weitere Frage D. Fausts über das Regiment der Teufel und ihrem Prinzipal

Der Geist sollte Faust auch berichten über die Wohnung der Teufel, ihre Regierung und Macht. Der Geist gab Auskunft und sagte: „Mein Herr Faust, die Hölle und ihr Bezirk ist für uns alle Wohnung und Behausung, sie umfasst so viel, wie die ganze Welt. Über die Hölle und über die Welt, bis hinauf zu dem Himmel gibt es zehn Herrschaften und Königreiche, welche die obersten unter uns sind, und die mächtigsten sechs Herrschaftsbereiche sind:

1. *Lacus mortis* See des Todes

2. *Stagnum ignis* Pfuhl des Feuers

3 .*Terra tenebrosa* finsteres Land

4. *Tartarus* [46]

5. *Terra obliuionis* Land des Vergessens

6.. *Gehenna* Feuerhölle = ewiges Feuer

7. *Herebus* [47]

8 .*Barathrum* [48]

9.*Styx* [49]

10. *Acheron* [50]

Die letzten vier Regierungen wie oben genannt, sind Königliche Regierungen, wie Luzifer im Orient, Beelzebub im Norden, Belial in der Mitte, Astaroth im Westen, und diese Regierungen werden bleiben, bis zum Jüngsten Gericht GOTTES: Jetzt weißt du Bescheid über unser Herrschaftssystem.

Frage, welches Aussehen die vrstoßenen Engel hatten.

Doct. Faust nahm sich vor, ein erneutes Gespräch mit seinem Geist zu führen, er sollte ihm sagen, in welcher Gestalt sein Herr im Himmel gewesen und gewohnt habe. Sein Geist bat ihn für diesmal um drei Tage Aufschub. Am dritten Tag gab ihm der Geist folgende Antwort: „Mein Herr Luzifer, wie er jetzt genannt wird, wegen der Verstoßung aus dem hellen Licht des Himmels, war zuvor auch ein Engel Gottes und ein Cherubin, der alle Werke und

[46] Tartarus] der finstere Abgrund, in den Zeus die aufrührerischen Titanen gestürzt hatte

[47] Griech. Erebos] Sohn des Chaos und der Nacht, eine Unterweltgottheit

[48] Griech. Barathron] Abgrund, der die Seelen zu verschlingen sucht.

[49] Griech. Fluss in die Unterwelt: das bedeutet ohne Freude..

[50] ebenso ein Fluss in der Unterwelt. Bedeutung "Schlund"

> Schöpfungen Gottes im Himmel gesehen hat. Er war von solcher Gestalt, Würde, Pracht , Ansehen und Wohnung, daß er über alle andern Geschöpfe Gottes, über Gold und Edelsteine, und von Gott so erleuchtet war, daß er der Sonne Strahlen und der Sterne Glanz übertraf. Dann, nachdem Gott ihn erschaffen hatte, setzte er ihn auf den Berg Gottes und in das Amt eines Fürstentums, daß er völlige Freiheit hatte auf allen seinen Wegen. Aber, da er sich in Übermut und Hoffahrt verstieg, und über den Orient sich erheben wollte, wurde er von Gott aus der Himmelswohnung verbannt, von seinem Thron verstoßen und in den Schlund eines Vulkans geworfen, der in Ewigkeit nicht erlischt und ständig brodelt. Er war versehen gewesen mit aller himmlischen Pracht. Weil er aber wissentlich und vermessentlich sich gegen Gott gewandt hatte, hat Gott über ihn Gericht gehalten und ihn auch gleich zur Hölle, aus der er in Ewigkeit nicht entkommen kann, verurteilt und verdammt.

Als D. Faust dies von dem Geist gehört hatte, grübelte er danach über mancherlei Meinungen und Gründe, verließ stillschweigend den Geist und ging in seine Kammer, legte sich auf sein Bett, fing an, bitterlich zu weinen und zu seufzen und in seinem Herzen zu klagen. Er bedachte die Erzählung des Geistes, wie der Teufel und verstoßene Engel von Gott so herrlich ausgezeichnet war, und wenn er nicht so aufmüpfig und hochmütig gewesen wäre, wie er dann ewig ein Engel im Himmel hätte sein können, jetzt aber von Gott auf ewig verstoßen war, und sagte: „O weh mir immerdar, so wird es mir auch ergehen; denn auch ich bin ein Geschöpf Gottes und mein übermütiges Fleisch und Blut hat mich mit Leib und Seele in die Verdammnis gebracht, mich mit meinem Verstand und Trachten verführt, daß ich als ein Geschöpf Gottes mich von ihm abgewandt habe, und mich von dem Teufel habe bereden lassen, mich ihm mit Leib und Seele zu ergeben und zu verkaufen. Daher kann ich auf keine Gnade mehr hoffen, sondern werde wie Luzifer in die ewige Verdammnis und Qualen verstoßen. Ach weh mir immerdar, was mute ich mir zu? Oh, daß ich nie geboren wäre!“ So klagte D. Faust. Er wollte aber weder Glaube noch Hoffnung schöpfen, daß er durch Buße könnte die Gnade Gottes vielleicht wieder erringen. Denn wenn er gedacht hätte: Jetzt malt der Teufel mir ein Bild, daß ich in den

Himmel sehen kann, dann will ich reuig umkehren und Gott um Vergebung und Gnade bitten. Denn nicht mehr zuwider handeln, ist schon eine große Buße, und wäre er dann wieder in die Christliche Gemeinschaft und in die Kirche zurück gekehrt und der heiligen Lehre gefolgt, dadurch also dem Teufel widerstanden hätte und so, wenn er ihm schon seinen Leib hätte überlassen müssen, dennoch aber seine Seele gerettet hätte. Aber er wurde in allen seinen Vorstellungen und Überzeugungen nicht zweifelnd, blieb ungläubig und ohne Hoffnung.

D. Faust disputiert weiter mit dem Geist Mephiistophiles *über die Macht des Teufels.*

Nachdem ihm seine Betrübnis ein wenig vergangen war, fragte D. Faust seinen Geist Mephistophiles nach der Regierung, Rat, Macht, Angriffe, Versuchungen und Schreckenstaten des Teufels, und wie er dies begonnen habe. Darauf antwortete der Geist: „Dieser Disput und die Frage, die ich dir beantworten soll, wird dich, mein Herr Faust, in Betrübnis und Nachdenklichkeit treiben; denn solches hättest du nicht von mir verlangen sollen, da es unser Geheimnis betrifft. Da ich aber nicht darum herumkomme, sollst du wissen, daß sobald der verstoßene Engel gefallen war, er der Feind Gottes und aller Menschen geworden ist und sich, wie noch heute, sich in Terror und Tyrannei gegenüber den Menschen zu üben,, wie noch jeden Tag zu sehen ist, daß jemand verunglückt, ein anderer erhängt, ertränkt oder ersticht sich selbst, ein Dritter wird erstochen, verzweifelt oder dergleichen mehr. Außerdem ist auch bekannt, als der erste Mensch von Gott in Vollkommenheit erschaffen worden war, daß der Teufel darüber neidisch war und ihm nachstellte und also Adam und Eva mit allen ihren Nachkommen in die Sünde und Ungnade Gottes brachte. Dies sind, lieber Faust, die Angriffe und Verfolgungen des Satans. So verfuhr er auch mit Kain und brachte zuwege, daß das Volk Israels fremde Götter anbetete, diesen opferte, und mit heidnischen Weibern Unzucht trieb. So hatten wir auch einen von uns, der Saul zusetzte und ihn in den Wahnsinn trieb und dazu brachte, sich selbst zu töten. Einer von uns, Asmodeus geheißen, der hat sieben in Unkeuschheit lebende Männer getötet, desgleichen der Geist Thagon, der 30.000 Menschen ins Unglück stürzte, daß sie erschlagen wurden und die Bundeslade geraubt wurde. Wie auch Belial, der dem David zusetzte, daß er anfing, sein Volk zu zählen, worüber 60.000 Menschen starben. Einer von uns verführte König Salomon so sehr, daß er die Götzen anbetete, etc. Es gibt unendlich viele von uns, die den Menschen zusetzen, sie zur Sünde verführen und darin fangen. So verteilen wir uns über die gesamte Welt, versuchen jede Art von List und Bosheit, werben die Leute ab vom Glauben und verführen sie zur Sünde. Wir stärken uns auf das Beste, so wir können und vermögen, wir sind gegen Jesus, verfolgen die Seinen bis in den Tod. Wir beherrschen die Herzen der Könige und Fürsten der Welt gegen die Lehre Jesu und ihrer Anhänger. Und das kannst du, Herr Faust, bei dir selber feststellen. D. Faust fragte ihn: „Lieber, dann hast du mich auch besessen gemacht? Sage mir die Wahrheit.“ Der Geist antwortete: „Ja, warum nicht? Denn , als wir in dein Herz sahen, mit welchen Gedanken du umgingest, und wie du niemand anderen für deine Vorhaben und Werke haben und gebrauchen könntest, als den Teufel, da machten wir deine Gedanken und Forschungen noch kecker und frecher und so besitzergreifend, daß du Tag und Nacht keine Ruhe fandest, sondern dein ganzes Suchen und Trachten nur darauf richtetest, wie du die Zauberei beherrschen könntest. Auch, als du uns beschworest, machten wir dich so frech und verwegen, daß du dich eher dem Teufel hättest zuführen lassen, als von deinen Plänen abzulassen. Danach bedrängten wir dich noch mehr, bis wir dein Herz so bearbeitet hatten, daß du von deinem Vorhaben nicht mehr ablassen konntest, wie du einen Geist zur Stelle schaffen könntest. Schließlich brachten wir dich so weit, daß du dich uns mit Leib und Seele verkauftest, das alles kannst du, Herr Faust, bei dir nachvollziehen“. „Es ist wahr“, sagte D. Faust. „“Jetzt kann ich ja nichts mehr dagegen tun. Ich habe mich selbst gefangen, hätte ich Gott gefällige Gedanken gehabt , und zu Gott gebetet und den Teufel nicht so sehr von mir Besitz ergreifen lassen, dann wäre mir dieses Übel an Leib und Seele nicht widerfahren. Ei, was habe ich bloß gemacht?" Der Geist antwortete: „Da musst du selber zusehen!" Darauf schied D. Faust traurig von ihm.

Eine Diskussion über die Gehenna *genannte Hölle, wie sie erschaffen und eingerichtet ist und von den Qualen in ihr.*

Doktor Faust empfand nun ständig Reue im Herzen, und Bedenken darüber, was er sich nur vermessen hätte, daß er sein Seelenheil geopfert und sich dem Teufel um irdischer Güter willen ausgeliefert hätte. Aber seine Reue war wie die von Kain und Judas, die wohl im Herzen war, er aber nicht an Gottes Gnade glaubte, die er vermeinte, unmöglich je wieder erlangen zu können. So wie bei Kain, der verzweifelte, weil die Sünden zu groß waren, als daß sie je verziehen werden könnten, genau so wie bei Judas. Dem D. Faust erging es ebenso: Er blickte wohl zum Himmel empor, konnte aber nichts erkennen. Er träumte, wie man zu sagen pflegt, vom Teufel oder der Hölle und überdachte seine Taten, und meinte, durch häufige und lange Gespräche und Fragen mit dem Geist dahin gelangen zu können, Reue, Besserung und Enthaltung von Sünden zu erleben. Aber das war vergebens; denn der Teufel hatte ihn fest im Griff. Nachdem er erneut von der Hölle geträumt hatte, beschloß D. Faust, ein neuerliches Gespräch mit dem Geist zu führen. Er fragte deswegen den Geist, was die Hölle sei. Und wie die Hölle beschaffen und erschaffen sei, und drittens, welches die Qualen und die Klagen der Verdammten in der Hölle seien, und viertens und letztens, ob ein Verdammter wieder zu Gottes Gnade kommen und aus der Hölle erlöst werden könne. Der Geist gab auf keine der Fragen eine Antwort, sondern sagte: „Herr Faust, deine Fragen und Diskussionen über die Hölle und ihre Wirkung solltest du besser unterlassen; frag lieber, was du selber tun würdest. Und auch, wenn du gleich in den Himmel auffahren könntest, würde ich dich doch wieder in die Hölle hinunter stürzen; denn du gehörst mir und in diesen Stall. Darum, lieber Faust, höre auf, weiter nach der Hölle zu fragen, frage nach anderem; denn glaube mir, wenn ich es dir berichtete, würde es dich in solche Reue, Verzweiflung, Nachdenken und Qualen stürzen, daß du wünschtest, du hättest die Frage nicht gestellt. Deshalb rate ich, es bleiben zu lassen. Doktor Faust sagte: „Ich will es aber wissen, oder nicht mehr leben! Du musst es mir sagen.“ Nun gut sagte der Geist: „Ich sage dir, ich habe damit kein Problem. Du fragtest, was die Hölle sei? Die Hölle ist von vielerlei Gestalt und Bedeutung; denn einmal wird sie beschrieben als ausgetrocknet und durstig, in der der Mensch keinerlei Erquickung und Labung bekommen kann. Man sagt auch zu recht, daß als Hölle ein Tal bezeichnet wird, das unweit von Jerusalem liegt. Die Hölle hat eine solche Weite und Tiefe des Tales, daß es Jerusalem, das heißt, dem Thron des Himmels, in welchem die Bewohner des Himmlischen Jerusalems leben, ziemlich nahe kommt, aber so, daß die Verdammten in der Verwahrlosung des Tales verharren müssen und die hohe Stadt Jerusalem niemals erreichen können. Daher wird die Hölle auch beschrieben als eine Gegend, die so ausgedehnt ist, daß diejenigen, die für immer darin hausen müssen, niemals die Höhe der Stadt Jerusalem erreichen können. Ferner wird die Hölle auch die brennende Hölle genannt,, da alles, was dahin kommt, sich sogleich entzünden und verbrennen muss, wie ein Stein in einem feurigen Ofen, der durch das Feuer zwar glühend wird, aber sich dennoch nicht verzehrt oder verbrennt, sondern nur härter wird. So wird auch die Seele des Verdammten ewig brennen und das Feuer sie dennoch nicht verzehren können, sondern sie ewige Qualen erleiden muss. Daher nennt man die Hölle auch die ewige Qual, die weder Anfang, noch Hoffnung, noch ein Ende hat. Sie heißt auch die Finsternis eines Gefängnisses, da man weder die Herrlichkeit Gottes, wie das Licht, Sonne oder Mond sehen kann. Wenn dennoch dort auch nur ein Schimmer eines Lichtes zusehen wäre, wie bei euch in finsterster Nacht, so wäre es doch nur eine Täuschung. Denn die Hölle hat eine Kluft, Chasma[51]

49 Chasma] (griech.) Kluft, Spalt

genannt, wie von einem Erdbeben, wenn es denn ausbricht, bildet es solche Kluften von unendlicher Mächtigkeit: da birst das Erdreich aus-einander, und man spürt aus der Tiefe der Kluften, als ob Stürme darin tobten. Dennoch ist die Hölle, obwohl sie jetzt einen Ausgang hat, weit, dann eng, dann wieder weit und so fort. Oft wird die Hölle auch als ein Felsmassiv bezeichnet, genannt *Petra*, das unterschiedlich gestaltet ist, wie ein Felsblock, Felsspitze, Klippe oder ein Riff. Ferner ist die Hölle so befestigt, daß sie nicht von Erde oder Steinen umgeben ist, wie ein Gebirge: Wie Gott den Himmel befestigt hat, so hat er auch mit der Hölle verfahren, er hat sie auf einen sehr harten Grund gesetzt, spitz und schroff, wie ein hoher Fels. Sie wird auch *Kerker* genannt, da die Verdammten ewig gefangen bleiben. Ein anderer Name ist *Verdammnis*, weil die Seele in der Hölle zu ewigem Gefängnis verurteilt und verdammt ist. Weil die Urteile wie an öffentlichen Gerichten über die Übeltäter und Schuldigen gesprochen werden, so heißt sie auch Verderben und Untergang: eine Verderbnis, wobei die Seelen solche Pein erleiden müssen, die sich in alle Ewigkeit erstreckt, also auch *Zurückwesung, Verdammung und Verurteilung* und dergleichen, eine Verwerfung der Seelen, wie ein Mensch, der sich in eine solche Kluft und Tiefe selbst hinabstürzt, wie jemand, der auf einem Berg oder Felsen geht und ins Tal hinabsieht, daß ihm schwindelt. Der verzweifelte Mensch geht aber nicht in diese Höhen, um sich die Gegend anzusehen: Aber je höher er hinaufsteigt, um sich hinabzustürzen, desto tiefer wird er fallen. Ebenso ist es mit den verdammten Seelen, die in die Hölle geworfen werden: Je mehr einer sündigt, als ein anderer, desto tiefer wird er fallen. Schließlich ist die Hölle auch so be-

schaffen, daß es unmöglich ist, sie zu begründen und zu begreifen, da Gott seinen Zorn also darauf gerichtet hat, ein Gebäude und eine Schöpfung für die Verdammten zu errichten, die viele Namen hat; wie Schandwohnung, Höllenschlund, damit die Verdammten nicht allein in der Qual des ewigen Feuers sitzen müssen, sondern auch Schande, Spott und Hohn vor Gott und seinen Heiligen ertragen müssen, weil sie in der Schande und dem Höllenschlund leben müssen; denn die Hölle ist ein Schlund, der nie zu sättigen ist, sondern seinen Rachen immer aufsperrt für die Seelen, die verdammt wurden, weil sie sich verführen ließen. So solltest du es verstehen, D.

Faust, weil du es ja so haben wolltest Und merke dir, daß die Hölle eine Hölle des Todes ist, eine Hitze des Feuers, eine Finsternis der Erde, das Vergessen alles Guten, woran Gott niemals mehr denkt, sie hält Martern und Qualen und ewig brennendes Feuer bereit und ist Behausung für höllische Drachen, Schlangen und Ungeziefer, ebenso für die verstoßenen Teufel. Erfüllt vom Gestank von Pech und Schwefel und geschmolzenem Metall. Und dies ist mein Bericht. auf deine erste und zweite Frage.Du zwingst mich zu einer Antwort auf eine dritte Frage, welche Qualen und Schmerzen die Verdammten in der Hölle erdulden oder aushalten müssen. Dafür solltest du, mein Herr Faust, vielleicht in die Bibel schauen, denn das ist mir nicht erlaubt. Aber wie die Hölle schrecklich anzusehen und ausgestattet ist, so herrscht auch in ihr unerträgliche Marter und Pein, daher werde ich dir dieselben beschreiben: Sie werden den Verdammten, wie ich dir oben in allen Einzelheiten erzählt habe, auch genau so begegnen. Denn es ist wahr wie ich es vorhergesagt habe: Die Hölle, der Bauch der Frauen, und die Erde werden nimmer satt. Es wird niemals ein Ende oder Aufhören damit sein, und auch nicht für ihr Zittern und Jammern über ihre Sünden und Bosheiten, und auch nicht über die Verdammten und die höllischen Greuel des Gestanks, Lähmung und Schwäche, Heulen und Wehklagen. Es wird Flehen zu Gott sein mit Jammern, Zittern, Zagen, Zetern, Schreien mit Schmerzen und Trübsal, mit Heulen und Weinen; denn, sollten sie nicht Wehklagen, Zittern und Zagen, wo doch alle Kreaturen und Geschöpfe Gottes gegen sie sein, und sie ewige Schmach, hingegen aber die Heiligen ewige Ehre und Freude tragen werden? Und doch wird das Jammern und Zittern des Einen sehr viel größer sein, als das eines Anderen, weil. wenn die Sünden ungleich sind, sind es auch die Strafen. Die Verdammten werden auch klagen über die unerträgliche Kälte, über das unauslöschliche Feuer, über ewige Züchtigungen, über die unerträgliche Finsternis und Gestank, über die Gesichter der Teufel, über die Verzweiflung an allem Guten. Sie werden klagen mit Heulen und Zähneknirschen, Gestank in den Nasen, mit jämmerlicher Stimme, Schrecken in den Ohren, Zittern in Händen und Füßen, sie würden wegen großer Schmerzen ihre Zungen fressen wollen, sie würden sich den Tod wünschen und gerne sterben wollen. Sie können es aber nicht; denn der Tod wird sie fliehen, ihre Martern und Schmerzen werden täglich größer und schwerer. Also, mein Herr Fausr, hast du hiermit auch die Antwort auf die dritte Frage, die mit denen auf die erste und zweite übereinstimmt.Zum vierten und letzten willst du von mir eine Frage beantwortet haben, die nur Gott zusteht: Ob Gott die Verdammten wieder in Gnaden aufnimmt oder nicht. Aber, es sei nun wie es will, so werde ich dir deine Frage beantworten, zuvor aber die Hölle und ihr Wesen beleuchten, und wie sie von Gottes Zorn erschaffen ist, und schauen, ob wir einiges Grundsätzliche ergründen können. Wiewohl, lieber Herr Faust, solches deinem Vertrag und Gelöbnis strikt zuwider laufen wird, sei dir doch diese Antwort gegeben. Du fragtest, ob die Verdammten wieder Gottes Huld und Gnade erringen könnten? Darauf antworte ich; NEIN! Denn alle, die in der Hölle sind, und von Gott verstoßen sind, die müssen ewig in Gottes Zorn brennen, darin verbleiben und verharren, wo für sie niemals eine Hoffnung mehr sein wird. Ja, wenn sie zur Gnade Gottes kommen könnten, wie wir Geister, die wir jede Stunde darauf hoffen und warten, so würden sie sich freuen und diese Zeit herbeisehnen. Aber ebenso wenig, wie die Teufel in der Hölle über ihren Sturz hinweg und Verstoßung hoffen können, zur Gnade zu kommen, so wenig können es auch die Verdammten; denn da gibt es keine Hoffnung; es wird weder ihr Bitten, Flehen noch Seufzen erhört werden, es wird ihnen ihr Gewissen geweckt werden und immer vor Augen gerückt werden. Aber ein Kaiser, König, Fürst, Graf oder sonstiger Regent können klagen, sofern sie nicht tyrannisiert und im irdischen Leben nicht Mutwillen getrieben haben, dann können sie die Gnade Gottes erlangen. Ein reicher Mann, wenn er nur nicht habgierig gewesen, ein Hoffährtiger, wenn er keine Prahlerei getrieben, ein Ehebrecher und Buhler, wenn er nur nicht Unzucht, Ehebruch und Unkeuschheit geübt, ein Säufer, Freßsack, Spieler, Gotteslästerer, Meineidiger, Dieb, Mörder, Straßenräuber und dergl.werden denken, wenn ich nur nicht täglich mit Üppigkeit, Wollust und Prasserei bei Speisen und Trank meinen Bauch gefüllt, wenn ich nur nicht gespielt, Gott gelästert, Meineide geschworen, gestohlen, geraubt, gemordet und dergl. Laster getrieben hätte, so könnte ich noch auf Gnade hoffen. Aber meine Sünden sind größer, als daß sie mir vergeben werden könnten, darum habe ich diese höllischen Martern und Strafen wohl verdient, und muss in Ewigkeit verdammt sein, und habe keine Vergebung oder Gnade bei Gott zu erhoffen. Deshalb sollst du, mein Herr Faust wissen, daß die Verdammten niemals darauf hoffen können, daß sie jemals aus dieser Qual erlöst werden könnten. Ja, wenn sie auch nur die Hoffnung haben könnten, daß sie täglich nur einen Tropfen Wasser aus dem Meer herausschöpfen , bis das Meer trocken sein würde; oder es einen Sandhaufen gäbe, so groß bis an den Himmel, und ein Vöglein jedes Jahr davon nur ein Körnchen, so groß wie eine Bohne, davon hinwegtrüge, daß dann, wenn der Sandhaufen aufgezehrt wäre, sie erlöst werden könnten, so würden sie darüber froh sein. Aber es gibt keine Hoffnung, daß Gott an sie denkt und sich ihrer erbarmen werde. Sondern sie werden in der Hölle schmoren wie die Totengerippe, der Tod und ihr Gewissen wird an ihnen nagen, auch ihre feste Zuversicht und ihr Vertrauen, wenn sie es denn zu Gott haben sollten, wird nicht erhört, noch an sie gedacht werden. Selbst wenn du dich in der Hölle verbergen könntest, bis alle Gebirge zu einem Haufen zusammengefallen wären und von einem Ort zu einem anderen versetzt wären, und bis alle Steine im Meer trocken gefallen wären: So wenig ein Elefant oder Kamel durch ein Nadelöhr gehen kann, und alle Tropfen des Regens gezählt werden können, so ist auch keine Hoffnung auf Erlösung gegeben. Kurz also, mein Herr Faust, hier hast du die Antwort auf deine vierte Frage. Und wisse, fragst du mich ein weiteres mal nach diesen Sachen, so wirst du bei mir auf taube Ohren stoßen; denn ich schulde dir keine Antwort auf derartige Fragen, und lass mich daher mit solchen Fragen und Disputen in Frieden. D. Faust ging abermals tief melancholisch von dem Geist hinweg, er war sehr verwirrt und voller Zweifel, dachte dies und das, grübelte über diese Dinge Tag und Nacht, aber es war nicht von Dauer bei ihm; denn, wie zuvor berichtet, hatte ihn der Teufel zu fest im Griff, verstockt, verblendet und gefangen .Außerdem, wenn er allein war und über Gottes Wort nachdenken wollte, kam der Teufel in Gestalt einer schönen Frau zu ihm, umarmte ihn und trieb allerlei Unzucht mit ihm, so daß er Gottes Wort schnell vergaß und in den Wind schlug, und in seinem bösen Vorsatz fortfuhr.

En witre Frage, die D. Faust dem Geist stellte.

Dokt. Faust rief seinen Geist erneut zu sich, und begehrte, ihm noch einmal eine Frage stellen zu dürfen. Dem Geist gefiel das überhaupt nicht, doch wolle er ihm diesmal noch zu Willen sein, obwohl er ihm vorher solches ganz und gar verweigert habe, käme er jetzt trotzdem mit diesem Anliegen. Er wolle ihm seine Bitte aber trotzdem, allerdings zum letzten Male, noch gewähren „Nun, was begehrst du von mir?" sprach er zu Faust. „Ich möchte"; sagte Faust, „eine Antwort von dir über eine Frage hören, nämlich: Wenn du an meiner statt ein von Gott erschaffener Mensch wärest, was du tun würdest, um Gott und den Menschen zu gefallen." Darüber lächelte der Geist und sagte: „Mein Herr Faust, wenn ich als Mensch erschaffen wäre, wie du, würde ich mich Gott gehorsam zeigen, solange ich einen menschlichen Atem hätte, und mich bemühen, Gott nicht gegen mich zu erzürnen, seine Lehren, Gesetze und Gebote so weit , wie möglich, einzuhalten, ihn allein anrufen, loben, ehren und preisen, um Gott gefällig und genehm zu sein, und wüßte, daß ich nach meinem Tode die ewige Freude und Herrlichkeit erlangte!" D. Faust sagte dazu: „Das habe ich aber nicht getan." „Ja, freilich", sagte der Geist, „hast du es nicht getan, sondern deinen Schöpfer, der dir Sprache, Augen und Ohren gegeben hat, damit du seinen Willen erkennen und der ewigen Seligkeit nachtrachten solltest, den hast du verleugnet, die herrliche Gabe deines Verstandes missbraucht, dich von Gott und allen Menschen abgewandt, woran du niemanden die Schuld geben kannst, als allein deinem frechen und übermütigen Stolz, wodurch du also dein bestes Kleinod und Zierde der Zuflucht Gottes verloren hast." „Ja, dies ist leider wahr", sagte D. Faust, „ möchtest du aber, mein Mephistophiles, ein Mensch an meiner statt sein?" „Ja", sagte der Geist seufzend, „und darüber gäbe es nicht viel zu disputieren mit dir; denn obwohl ich auch gegen Gott gesündigt habe, wollte ich doch wieder durch seine Gnade gerettet werden." Darauf antwortete D. Faust: „Dann wäre es auch für mich noch früh genug, wenn ich mich besserte?" „Ja", sagte der Geist, „ vor deinen groben Sünden hättest du zur Gnade Gottes finden können. Jetzt ist es zu spät, und Gottes Zorn lastet auf dir." „Lass mich in Ruhe!" sagte Doktor Faust zum Geist. Antwort des Geistes: „Behellige du mich künftig auch nicht mehr mit deinen Fragen!"

HIER FOLGT JETZT DER ZWEITE TEIL DER GESCHICHTE
VON FAUSTS ABENTEUERN UND ANDEREN FRAGEN.

D: Faust ein Kalendermacher und Astrologe.

Als Dokt. Faust über gottesfürchtige Fragen vom Geist keine Antwort mehr bekommen konnte, musste er sich damit abfinden, er fing an, sich mit Kalendermachen zu beschäftigen, er wurde zur gleichen Zeit ein guter *Astronom und Astrologe*, gelehrt und erfahren in der Sterndeuterei und in der praktischen Handhabung dieser Künste, wie jedermann erkannte, daß alles, was er schrieb, bei den Mathematikern mit Lob bedacht wurde. So trafen auch seine astronomischen Vorhersagen kalendarischer Ereignisse stets zu., die er Fürsten und großen Herren widmete, ebenso die Horoskope; denn er richtete sich nach den Deutungen und Weissagungen zukünftiger Dinge und Ereignisse des Geistes, welche dann auch eintrafen. Insbesondere lobte man seine Kalender und Almanache; denn er setzte nichts in Kalender, außer, es verhielt sich *so, daß Nebel, Sturm, Schnee, Regen, Hitze, Gewitter, Hagel etc. sich auch ereignet* hatten. Seine Kalender waren nicht, wie die von einigen unerfahrenen Astrologen, die im Winter Kälte und Eis oder Schnee, und im Sommer in den Hundstagen Hitze. Donner oder Ungewitter vorhersagten. Er gab auch in seinen astrologischen Kalendern Tag und Stunde an, wenn etwas Künftiges geschehen würde; er warnte besonders die Regierungen, so etwa, daß die eine jetzt von Teuerung, die zweite von Krieg, die dritte von einer Seuche usw. betroffen werde.

Fragen und Diskussionen über die Künste Astronomie oder Astrologie.

Als D. Faust seine Horoskope und Kalender zwei Jahre erstellt hatte, fragte er seinen Geist, wie es bestellt sei mit der *Astronomie* oder *Astrologie,* wie die *Mathematiker* dazu stünden. Der Geist antwortete darauf und sagte: „Es gibt dieses Urteil, daß alle Sterndeuter und Himmelsgucker nichts Einzelnes sicher vorhersagen können; Denn es sind verborgene Werke Gottes, welche die Menschen nicht erkennen können, wie wir Geister, die wir in der Luft unter dem Himmel schweben, und die Vorsehung Gottes sehen und erkennen können; Denn wir sind alte und erfahrene Geister in des Himmels Lauf. Ich könnte dir sogar, Herr Faust, ein Horoskop deiner Geburtsstunde erstellen, oder eine Aufzeichnung darüber, was dir Jahr um Jahr geschehen wird, so wahr, wie das, was du gesehen hast, daß ich nie gelogen habe. Es ist erwiesen, daß die vor langen Zeiten, die vor 500 oder 600 Jahren gelebt haben, diese Kunst gründlich beherrschten und begriffen hatten. Denn nach so viel vergangenen Jahren, wird sich das große Jahr einstellen, wo sie alles erklären und Kometen vorhersagen können. Aber alle jungen und unerfahrenen Astrologen stellen ihre Horoskope nach Vermutungen und Gutdünken.

Von Winter und Sommer.

Es dünkte dem Faust seltsam zu sein, daß Gott für diese Welt Winter und Sommer erschaffen hatte. Er nahm sich deswegen vor, den Geist zu fragen, woher der Sommer und Winter ihren Ursprung haben. Die Antwort des Geistes war kurz: „Mein Herr Faust, wenn du das als ein Naturkundiger nicht selbst am Lauf der Sonne erklären kannst, dann sei daran erinnert, daß vom Mond an bis zu allen Gestirnen alles aus Feuer besteht, dagegen ist die Erde kalt und gefroren; Denn je tiefer die Sonne scheint, je heißer ist es: Das ist der Ursprung des Sommers. Steht die Sonne hoch, so ist es kalt, und bringt den Winter mit sich.

Von den himmlischen Sphären, ihrem Lauf, Schönheit und Ursprung.

Doktor Faust durfte, wie zuvor gesagt, den Geist über göttliche und himmlische Dinge nicht mehr befragen, das ärgerte ihn sehr, und er dachte Tag und Nacht darüber nach, wie er seine Fragen bemänteln könne, und unter einem Vorwand das Verbot umgehen könnte. Fragen wie zuvor über die Freuden der Seelen, oder die Engel und von den Qualen der Hölle durfte er nicht mehr stellen: denn er wusste, daß er darauf keine Antwort mehr bekommen würde, er musste deshalb die Fragen bemänteln, die er beantwortet haben möchte. Er beschließt den Geist unter dem Vorwand zu fragen, es handele sich um Antworten, die der Astronomie, der Astrologie und der Physik dienlich seien. Er fragte den Geist, er möge ihm berichten von dem Lauf der Gesrtirne, der Schönheit der Sphären und ihrem Ursprung. „Mein Herr Faust," sagte der Geist: „Der Gott, der dich geschaffen hat, hat auch die Welt und alle Elemente unter dem Himmel erschaffen. Dann machte Gott zuerst den Himmel mittels des Wassers und teilte dann die Wasser und nannte das Firmament den Himmel, so ist der Himmel kugelförmig und rund, außerdem beweglich. Der aus Wasser geschaffene, zusammengefügte Teil ist verfestigt wie Kristall und sieht oben am Himmel auch aus wie Kristall, an dem innen die Gestirne angeheftet sind, dieses Himmelsrund teilt die Welt in vier Teile: nämlich Morgen, Abend, Mittag und Nacht, und der Himmel dreht sich so schnell, daß die Welt zerbräche, wenn es die Planeten mit ihrem Lauf nicht verhinderten. Der Himmel ist auch aus Feuer geschaffen, so daß, wenn die Wolken nicht mit der Kälte des Wassers umgeben wären, die Hitze und das Feuer die unteren Elemente innerhalb des Firmaments anzünden. Innerhalb des Firmaments, in dem sich das Gestirn des Himmels befindet, sind die sieben Planeten, nämlich: Saturn, Jupiter, Mars, Sonne, Venus, Merkur und Mond. Alle

Himmelsteile bewegen sich, nur der feurige steht still. Und so ist diese Welt auch in vier Teile geteilt, in die des Feuers, Luft, Erde und Wasser so ist die von Gott geschaffene Himmelskugel gebildet, und jeder Himmelsteil seine materielle Beschaffenheit daraus, nämlich: der oberste Himmel ist feurig, der mittlere und unterste sind leicht wie die Luft, der eine Himmel leuchtet, der mittlere und unterste sind luftig. Im obersten ist die Wärme und das Licht, wegen der Nähe der Sonne, im untersten aber, weil die Erde das Strahlen reflektiert, und wo diese Reflektion nicht hinreichen kann, ist es kalt und dunkel. In diesem dunklen Teil der Luft wohnen wir Geister und Teufel, und sind in diese Finsternis verbannt. Hier, wo wir wohnen, sind die Stürme, Donner, Blitz, Hagel, Schnee und dergleichen, weshalb wir dann vorhersagen können, wie das Wetter in den Jahreszeiten wird. So hat also der Himmel zwölf Sphären, welche die Erde und das Wasser umgeben, die alle Himmel genannt werden können.“ Der Geist erzählte ihm auch, welchen Einfluss die einzelnen Planeten ausübten, und wieviel Grade ein Planet gegenüber den anderen habe.

Frage des D. Faust, wie Gott die Welt erschaffen, und von der Erschaffung des ersten Menschen, worauf ihm der Geist, nach seiner Art, eine völlig falsche Antwort gab.

Dem Doktor Faust erschien der Geist, als er traurig und schwermütig war, um ihn zu trösten und zu fragen, welchen Kummer und welche Anliegen er hätte. Doktor Faust gab ihm keine Antwort; so daß der Geist ihm heftig zusetzte und verlangte, ihm ausführlich sein Anliegen zu erläutern, wenn möglich, werde er ihm dabei helfen. Doktor Faust antwortete: „Ich habe dich als meinen Diener verpflichtet, und dein Dienst kommt mich teuer zu stehen, dennoch erlebe ich nicht, daß du meine Wünsche erfüllst, wie es einem Diener zusteht.“ Der Geist sagte: „Mein Herr Faust, du weißt, daß ich dir nie ungehorsam war. Wenn ich dir auch öfter auf deine Fragen nicht zu einer Antwort verpflichtet war, bin ich dir doch immer zu Willen gewesen . Drum sage nun, mein Herr Faust, was dein Anliegen und Begehr ist." Der Geist hatte sich damit in sein Herz geschlichen, da fragte D. Faust er solle ihm berichten, wie Gott die Welt und den ersten Menschen erschaffen hätte. Der Geist gab Doktor Faust hierauf einen gottlosen und falschen Bericht, sagte: „Die Welt, mein Faust, ist ohne Anfang und Ende; so ist auch das menschliche Geschlecht von Ewigkeit her gewesen und hat keinen Anfang und Ursprung gehabt, so hat sich die Erde selbst erhalten müssen, und das Meer hat sich von der Erde abgesondert, und sind freundlich miteinander umgegangen: Die Erde verlangte von dem Meer die Herrschaft über Äcker, Wiesen, Wälder, und Gras oder Laub, dagegen das Wasser über die Fische und alles, was in ihm schwamm. Nur Gott haben sie zugestanden, den Menschen und den Himmel zu erschaffen, daß sie ihm untertan sein müssen. Aus dieser Herrschaft sind vier Herrschaftsbereiche entstanden: Luft, Feuer, Wasser und Erde. Etwas anders und kürzer kann ich es dir nicht erklären!" Doktor Faust dachte darüber nach, aber es wollte ihm nicht in den Kopf, da er doch in der Genesis im ersten Kapitel gelesen hatte, daß Moses es ganz anders berichtet hatte. Dennoch sagte er nichts dagegen.

Doct. Faust werden alle höllischen Geister in ihrer Gestalt vorgestellt, darunter die sieben Höchsten mit Namen.

Doktor Fausts Höllenfürst und wahrer Meister kam zu ihm und wollte ihn besuchen. D. Faust erschrak nicht wenig über sein greuliches Aussehen; denn obwohl es Sommer war, ging doch ein derart kalter Luftstrom vom Teufel aus, daß D. Faust meinte, er müßte erfrieren. Der Teufel, der sich Belial nannte, sagte: „Dokt. Faust, um Mitternacht, als du erwachtest, habe ich deine Gedanken gesehen, und diese sind, daß du gern einige der vornehmsten höllischen Geister sehen möchtest, daher bin ich hier mit meinen vornehmsten Räten und Dienern erschienen, damit du sie nach Belieben ansehen kannst." D. Faust antwortete: „Wohlan , wo sind sie denn?" „ Dort draußen." sagte Belial. Belial aber war D. Faust in Gestalt eines zottigen und kohlschwarzen Bären erschienen, dessen Ohren steil nach oben standen und ebenso wie der Rüssel feuerrot, mit großen schneeweißen Zähnen, mit einem langen Schwanz, wohl drei Ellen lang, am Hals hatte er drei flatternde Flügel. Dann kamen zu D. Faust ein Geist nach dem anderen in die Stube, wo sie nicht alle sitzen konnten. Belial zeigte D. Faust einen nach dem anderen, wer sie wären, und wie sie genannt würden. Es waren zuerst hineingekommen sieben vornehme Geister, wie Lucifer, Doktor Fausts eigentlicher Herr, dem er sich vertraglich gebunden hatte, in Gestalt eines großen Mannes, und war behaart und zottig in einer Farbe, wie die roten Eichhörnchen und den Schanz über sich tragend, wie eben die Eichhörnchen. Danach der Beelzebub, der hatte fleischfarbene Haare, und einen Ochsenkopf, mit zwei furchtbaren Ohren, ebenfalls ganz behaart und zottig, mit zwei großen Flügeln, und mit Stacheln, wie die Disteln im Felde, halb grün und gelb, nur daß über den Flügeln Feuerströme herausflogen, und er hatte einen Kuhschwanz. Der nächste war Asteroth, der in Gestalt eines Drachen eintrat, aufrecht gehend auf dem Schwanz, ohne Füße, der Schwanz hatte sie Farbe von Blindschleichen, der Bauch war sehr dick, oben hatte er zwei kurze Füße, sehr gelb, der Bauch ein wenig weiß und gelblich, der Rücken kastanienbraun mit fingerlangen Stacheln und Borsten dran, wie ein Igel. Danach kam Satanas, über und über zottig weiß und grau, und er hatte einen Eselskopf und einen Schwanz wie eine Katze und Klauen, eine Elle lang. Anubis, der nächste, hatte einen Hundekopf, schwarz und weiß, im schwarzen weiße Tupfen und im weißen schwarze. Ansonsten hatte er Beine und hängende Ohren, wie ein Hund, er war vier Ellen groß. Nach diesen kam Dythicanus, der war eine Elle groß, gestaltet, wie ein Rebhuhn, nur, daß der Hals grün schattiert war. Der letzte war Drachus mit vier kurzen Beinen, gelb und grün, der Leib oben braun und wie blaue Flamme, und der Schwanz rötlich. Die sieben mit Belial, ihrem Anführer, als achtem waren, wie beschrieben in bunte Farben gekleidet. Die weiteren traten in Gestalt unvernünftiger Tiere auf, wie Schwein, Krähe, Hirsch, Bär, Wolf, Affe, Biber, Büffel, Bock, Geiß, Eber, Esel etc. Sie erschienen in solcher Gestalt und Farbe, daß viele wieder aus der Stube heraus mussten. D. Faust wunderte sich darüber und fragte die sieben Verbliebenen, warum diese nicht in anderer Gestalt erschienen wären. Sie antworteten ihm, daß sie in der Hölle nicht ihre Gestalt verändern könnten. Doch seien sie höllische Tiere und Schlangen, denn sie könnten sehr wohl gräulicher und furchtbarer aussehen, als dort; denn bei den Menschen könnten sie Gestalt und Gebärden annehmen, wie sie wollten. D. Faust sagte, es wäre genug, wenn die sieben blieben und bat, die anderen zu entlassen, was auch geschah. Dann begehrte D. Faust, ihm eine Probe zu geben für ihre Verwandlungen, was ihm zugesagt wurde. Und so verwandelte sich einer nach dem anderen, wie sie es auch vor ihrem Erscheinen getan hatten, in alle möglichen Tiergestalten, wie große Vögel, Schlangen, vier- und zweifüßige Kriechtiere. Das gefiel D. Faust sehr, und er fragte, ob er das auch könnte. Sie sagten Ja, und warfen ihm ein Zauberbüchlein zu, er solle es nur versuchen. D. Faust konnte es aber nicht lassen, bevor sie sich verabschieden wollten, sie zu fragen, wer denn alles dieses Ungeziefer erschaffen hätte. Sie sagten, nach dem Sündenfall des Menschen sei auch das Ungeziefer entstanden, damit es den Menschen Plagen und Schaden bereiten sollte. Darum können wir uns ebenso in allerlei Ungeziefer verwandeln, wie auch in andere Tiere. D. Faust lachte und verlangte, das wolle er mal sehen, was dann auch geschah: Wie sie jetzt alle verschwunden waren, da erschienen in seinen Räumen und Stuben allerlei Ungeziefer: Ameisen, Egel, Bremsen, Grillen, Heuschrecken, etc., so daß sein ganzes Haus voll davon war. Darüber wurde er sehr zornig, verdrossen und wütend, weil das Ungeziefer ihn auch heftig plagte, wie die Ameisen, die ihn anspritzten, die Bienen stachen ihn, die Mücken fuhren ihm ins Gesicht, die Flöhe bissen ihn, die Immen umschwirrten ihn, daß er sich nicht wehren konnte, die Läuse quälten ihn auf Kopf und Kleidung, Spinnen ließen sich auf ihn herabfallen, Raupen krochen auf ihm herum, Wespen stachen ihn. Kurz: Er wurde überall so von den Quälgeistern geplagt, daß er zu Recht sagte: „Ich glaube, daß ihr alle junge Teufel seid!“ Er konnte im Haus nicht mehr bleiben. Sowie er aus der Tür trat, war die Plage vorbei und er hatte kein Ungeziefer mehr an sich, alles war stracks miteinander verschwunden.

Wie Dokt. Faust in die Hölle fuhr.

Dok. Faust war jetzt im 8. Jahr seiner vertraglich vereinbarten Zeit, und schob sein Ende von Tag zu Tag vor sich her, die meiste Zeit hatte er mit Forschen, Lernen, Fragen und Disputieren verbracht. Insgeheim aber träumte er und grauste es ihm vor der Hölle. Er forderte daher seinen Diener, den Geist Mephistophiles auf, er solle seinen Herrn Belial oder Lucifer kommen lassen. Sie schickten ihm aber einen Teufel, der sich Beelzebub nannte, der fragte D. Faust, was sein Wunsch oder Begehren wäre? Ob es ihm wohl möglich wäre, daß ihn ein Geist in die Hölle hinein und wieder hinausführte, daß er die Art, Beschaffenheit und Eigenschaften, sowie Substanz sehen und erkennen könnte. Ja, antwortete ihm Beelzebub, um Mitternacht werde ich kommen und dich abholen. Als es Nacht und stockfinster war, erschien ihm Beelzebub, auf seinem Rücken einen Sitz aus Knochen, allseitig ganz verhängt, auf den setzte sich D. Faust, und fuhr davon.Jetzt höret, wie ihn der Teufel verblendete und ihm etwas vorgaukelte, so daß er glaubte, er sei tatsächlich in der Hölle gewesen. Er führte ihn in die Luft, wo D. Faust entschlief, als ob er in warmem Wasser im Bade säße. Bald kam er auf einen hohen Berg einer großen Insel, aus dem Schwefel, Pech und Feuerströme hervorquollen mit solchem Ungestüm, daß D. Faust davon erwachte. Der teuflische Drache schwang sich in die Spalte mit D. Faust, aus der die Feuerströme und giftigen Dämpfe stiegen. Faust aber, wie heftig es auch brannte, empfand die Hitze nicht und nicht die Feuersbrunst, sondern nur einen Hauch wie im Mai oder Frühling, er hörte auch allerlei Instrumente mit lieblichem Klang, und konnte doch, so hell das Feuer auch schien, kein Instrument sehen, oder welcher Art es war. Er durfte auch nicht fragen, wie das zusammenhinge, weil ihm das zuvor ja ausdrücklich verboten worden war, nicht zu fragen oder zu sprechen. Da stießen zu dem teuflischen Drachen und Beelzebub noch drei von ähnlichem Aussehen. Als D. Faust noch tiefer in die Schlucht hinabkam, und die drei genannten vorausflogen, kam D. Faust ein großer fliegender Hirsch entgegen mit einem großen Geweih mit scharfen Enden, der wollte D. Faust in die Schlucht stürzen, worüber er tief erschrak. Aber die drei voran fliegenden Drachen vertrieben den Hirsch. Als D.

Faust noch tiefer in den Schlund hinunterkam, sah er um sich herum nichts als later Ungeziefer und Schlangen schweben. Die Schlangen waren unheimlich groß. Ihm kamen da aber fliegende Bären zu Hilfe, die stritten und kämpften mit den Schlangen siegreich, so daß er sicher und weiter hinabkam. Da sah er jetzt aus einem altenTor oder Loch einen großen geflügelten Stier hervorstürmen, der wütend und brüllend auf D. Faust zu rannte, der stieß so gewaltig an seinen Sitz, daß dieser sich zugleich mit dem Drachen und D. Faust überschlug. D. Faust verlor seinen Halt und stürzte in die Schlucht immer tiefer hinunter unter großem Wehgeschrei; denn er dachte jetzt sei es zu Ende mit ihm, da er auch seinen Geist nicht mehr sehen konnte. Doch beim Hinunterfallen erwischte ihn ein alter runzeliger Affe, der hielt ihn fest und rettete ihn. Da überzog die Hölle ein dicker, finsterer Nebel, daß er eine Weile gar nichts mehr sehen konnte. Dann erschien eine Wolke, aus der stiegen zwei große Drachen, die einen Wagen zogen, auf den der Affe D. Faust setzte. Jetzt folgte etwa eine viertel Stunde lang eine undurchdringlich Finsternis, so daß D. Faust weder den Wagen noch die Drachen sehen noch berühren konnte , aber es ging immer tiefer hinab. Aber als der dicke, finstere und stinkende Nebel verschwand, sah er seine Rosse und den Wagen wieder. Jetzt aber schossen aus der Luft herab auf D. Faust so viele Blitze und Strahlen, daß der Mutigste, zu schweigen von D. Faust, hätte erschrecken und verzagen müssen. Jetzt tut sich unter ihm ein wildes Wasser auf, auf das hinunter sich die Drachen lassen. Er verspürte aber kein Wasser, sondern Wärme und große Hitze. Und die Strömung und die Wellen erfassten D. Faust, daß er Ross und Wagen verlor und tiefer und tiefer in das Grauen des Wassers versank, bis er endlich eine Felsklippe im Fallen erwischte, die hoch und spitz herausragte. Er setzte sich halbtot darauf, sah um sich, konnte aber niemanden sehen oder hören. Er sah nur immer die Schlucht vor sich und um sich herum nur Wasser. D. Faust überlegte, was er tun sollte, da er von den höllischen Geistern verlassen war, entweder müsse er sich in die Schlucht oder in das Wasser stürzen, oder hier oben auf der Klippe verderben. Darüber wurde er sehr zornig und stürzte sich in einem Anfall von irrsinniger, rasender Furcht in das feurige Loch hinein und sagte: „Nun, ihr Geister so nehmt denn das wohlverdiente Opfer an, das meine Seele darbietet.“ Indem er sich aber kopfüber hinein gestürzt hatte, wird ein schreckliches Getümmel und Krachen hörbar, wovon der ganze Berg und Felsen erschüttert wird, daß er glaubte, es seien lauter große Geschütze abgefeuert worden. Als er aber den Grund der Schlucht erreichte, sah er im Feuer viel stattliche Leute, Kaiser, Könige, Fürsten und Herren. Außerdem viele tausend geharnischte Krieger. Am Feuer floß ein kühles Wasser, wovon etliche tranken und sich labten und badeten. Einige liefen nach der Abkühlung wieder an das Feuer, um sich zu wärmen. D. Faust trat in das Feuer und wollte eine Seele der Verdammten ergreifen; als er glaubte, er hätte eine in der Hand, verschwand sie ihm sofort wieder daraus. Er konnte aber in der Hitze nicht länger verweilen, und als er sich umsah, sieh da, da kam sein Drache und Beelzebub mit dem Stuhl wieder. Er setzte sich darauf, und dann fuhr er wieder in die Höhe; denn D. Faust konnte den Lärm, Unwetter, Nebel, Schwefel, Rauch, Feuer, Frost und Hitze nicht länger aushalten, insbesondere, da er das Wehgeschrei, Heulen und Zähneklappern, Jammern und Folter etc. angesehen hatte. D. Faust, der nun eine lange Zeit nicht daheim gewesen war, und auch sein Famulus nichts anderes glaubte und annehmen musste, da er begehrt hatte, die Hölle zu sehen, daß er mehr gesehen habe, als ihm lieb gewesen, und er also ewig darinnen bleiben müsse. In diesem Wahn kommt in der Nacht D. Faust aber wieder nach Haus. Da er seitdem auf dem Stuhl geschlafen hat, wirft ihn der Geist noch schlafend auf sein Bett. Als D. Faust bei Tagesanbruch erwachte, das Licht sah, war es ihm, als sei er eine zeitlang in einem finsteren Turm gesessen gewesen; denn er hat seitdem nichts von der Hölle gesehen, als die Feuersbrünste, die das Feuer bewirkt hatte. D. Faust, im Bett liegend, dachte über die Hölle nach, einmal glaubte er, er sei tatsächlich darin gewesen, und hätte alles gesehen, ein anderes mal zweifelte er daran, und der Teufel hätte ihm nur eine Sinnestäuschung und ein Gaukelwerk vor die Augen gespielt, was ja auch so war. Denn er hatte die wahre Hölle noch nicht gesehen, er hätte sonst nicht nach ihr verlangt.

Diese Erzählung und Geschichte, was er in der Hölle als Verblendung gesehen haben will, hat D. Faust selbst aufgeschrieben und ist nach seinem Tod auf einem Blatt eigenhändig geschrieben, in einem Buch versteckt als Nachlass aufgefunden worden.

Wie Dokt. Faust in das Gestirn hinauf gefahren.

Diese Geschichte hat man auch bei ihm gefunden, die er eigenhändig verfasst und aufgeschrieben hat, die er einem guten Freund, einem Jonas Victor, Arzt in Leipzig gewidmet hat und folgenden Inhalt hat:

Zuvor, lieber Herr und Bruder, ich kann mich noch, genau so , wie Ihr auch, an unsere Schulzeit von Jugend an erinnern, als wir zu Wittenberg miteinander studierten, und Ihr Euch anfangs der Medizin, Astronomie, Astrologie, Geometrie befleißigtet, wie Ihr dann auch ein guter Wund-Arzt und Naturkundiger seid. Ich aber habe anders als Ihr, wie Ihr ja wisst, Theologie studiert, dennoch bin ich Euch in Euren Künsten ebenbürtig geworden, da Ihr mich in vielen Sachen aus diesen Bereichen um Rat gefragt habt. Da ich nun, wie aus Eurem Dankschreiben zu entnehmen, nie etwas verweigert, noch zu berichten versagt habe, bin ich dazu immer noch erbötig, und Ihr könnt mich dazu jederzeit fragen und aufsuchen. Für die Belobigungen, die Ihr meinen Kalendern und Horoskopen erweist, bedanke ich mich ebenfalls sehr, sie werden nicht nur von Privatpersonen aus der Bürgerschaft, sondern auch von Fürsten, Grafen und Herren nachgefragt, da alles, was ich aufgesetzt und geschrieben habe, sich als wahr erwiesen hat und eingetreten ist. In Eurem Schreiben bittet Ihr auch, von meiner Fahrt unter das Gestirn des Himmels , von der Ihr erfahren habt, Euch zu berichten, ob das wahr sei oder nicht, weil es Euch als ganz unmöglich erscheint, und, wenn es doch geschehen ist, dann müßte der Teufel oder Zauberei im Spiel gewesen sein. Ja, darauf könnt Ihr wetten: Es sei, wie es wolle, es ist tatsächlich geschehen, und so, wie ich Eurer Bitte folgend, jetzt berichten werde.

Als ich einmal nicht schlafen konnte, und dabei an meine Kalender und Horoskope dachte, wie doch das Firmament am Himmel dazu geschaffen und gestaltet wäre, daß der Mensch oder die Naturkundigen daraus hier unten , gleich, ob durch Augenschein, oder nach Gutdünken, oder den Büchern und Lehrmeinungen, lesen und vorhersagen und planen könnten. Siehe, da hörte ich ein furchtbares Brausen und Stürmen mein Haus umtosen, daß alle Laden und Stubentüren aufriss, worüber ich sehr erschrak. Zugleich hörte ich eine gewaltige Stimme sagen: „Wohlan, deines Herzens Lust, Sinn und Begehren wirst du zu sehen bekommen!“ Darauf sagte ich: „Wenn das zu sehen sein wird, woran ich gerade gedacht habe, und was jetzt mein größtes Verlangen ist, dann will ich mit!“ Die Stimme antwortete: „Dann schau zum Fenster hinaus, da wirst du dein Fahrzeug sehen.“ Das tat ich, und sah einen Wagen mit zwei Drachen herabfliegen, der war in höllischem Flammenweiß zu sehen. Da aber der Mond gleichzeitig am Himmel schien, konnte ich auch mein Gefährt und die Zugtiere ansehen. Die Drachen hatten Flügel braun und schwarz mit weiß gesprenkelten Tupfen, Rücken und Bauch ebenso, Kopf und Hals grünlich, gelb und weiß gesprenkelt. Die Stimme schrie wieder: „Los sitz auf und fahr ab.“ Ich sagte: „Ich will dir folgen, unter der Bedingung, daß ich alle Umstände erfragen darf.“ „Ja,“ sagte die Stimme, „das sei dir für diesmal erlaubt“. Da stieg ich auf das Fenstersims, sprang in meine Kutsche und fuhr davon . Die fliegenden Drachen führten mich empor, der Wagen hatte auch vier Räder und sie machten ein Geräusch, als ob sie auf der Erde führen, jedoch gaben die Räder bei den Umdrehungen immer Feuerstrahlen ab. und je höher ich kam, desto finsterer wurde es um mich her, und ich kam mir vor, als wenn ich aus dem hellen Sonnenlicht in ein finsteres Loch führe. Ich sah vom Himmel herab in die Welt. Indem rauschte mein Geist und Diener heran und setzt sich zu mir in den Wagen. Ich sagte zu ihm: „Mein Mephistophiles, wo muss ich denn aussteigen?“ „Lass dich nicht beunruhigen.“ sagte er, und wir fuhren noch höher hinauf. Jetzt werde ich Euch erzählen, was ich gesehen habe; denn am Dienstag fuhr ich fort, und kam am Dienstag wieder nach Hause, das waren acht Tage, in denen ich nicht geschlafen habe und auch nicht müde war, und ich war unsichtbar in dieser Zeit. Als es morgens früh am Tag und hell wurde, fragte ich meinen Geist Mephistophiles: „Lieber, wie weit sind wir schon gefahren, weißt du das? Denn ich kann wohl an der Welt erkennen, daß wir diese Nacht ein ziemliches Stück gefahren sind, und auch, daß solange ich hier draußen war, weder Hunger noch Durst verspürte. Mephistophiles sagte: „Mein Faust, glaube mir, daß du bisher schon 47 Meilen in die Höhe gefahren bist.“ Dann sah ich am Tag hinab auf die Welt, da sah ich viele Königreiche, Fürstentümer und Gewässer, so daß ich die ganze Welt, Asien,

Afrika und Europa klar sehen konnte. Und in dieser Höhe sagte ich zu meinem Diener, er möge mir nun die einzelnen Länder und Reiche zeigen und sagen, wie sie genannt werden. Das tat er und sagte: „Sieh, hier links ist Ungarn, hier ist Preußen, dort gegenüber ist Sizilien, Polen, Dänemark, Italien, Deutschland. Morgen wirst du sehen Asien, Afrika, ebenso Persien, das Land der Tartaren, Indien, Arabien. Und weil der Wind umschlägt, sehen wir jetzt Pommern, Rußland, Preußen, und desgleichen Polen, Deutschland, Ungarn und Österreich.. Am dritten Tag sah ich Kleinasien und die Türkei, Persien, Indien und Afrika. Vor mir sah ich Konstantinopel, und im Persischen und Konstantinopolitanischen Meer sah ich viele Schiffe und Kriegsheere hin und wider ziehen und fahren. Konstantinopel erschien mir aber, als ob es kaum drei Häuser hätte und die Menschen kaum einen Spanne lang. Meine Reise fand im Juli statt: es war warm, ich richtete meinen Blick mal hierhin, mal dorthin, nach Aufgang, Mittag, Untergang und Mitternacht, wo es dann an einem Ort regnete, an dem anderen donnerte, hier schlug der Hagel ein, am anderen Ort war es schön::Ich sah genau alles, was sich gewöhnlich in der Welt zuträgt. Als ich jetzt 8 Tage in der Höhe war, sah ich hinauf in der Ferne, daß der Himmel sich so schnell bewegte, als ob er in tausend Stücke zerspringen und die Welt zerbrechen wollte. Dabei war der Himmel so hell, daß ich nicht weiter hinauf sehen konnte, und so heiß, wenn mein Diener mir nicht Luft zugefächelt hätte, ich hätte verbrennen müssen. Das Gewölk, das wir unten auf der Erde sehen, ist so fest und dick wie eine Mauer aus Fels, klar wie Kristall, und der Regen, der daraus fällt, bis er auf die Erde trifft, so klar, daß man sich darin spiegeln kann. Das Gewölk bewegt sich am Himmel so kräftig, daß es immer läuft von Ost nach West, wobei es das Gestirn, Sonne und Mond mit sich nimmt. Dadurch kommt (wie wir sehen), daß sie vom Aufgang zum Untergang wandern. Die Sonne erscheint uns auf der Erde kaum größer als ein Fassboden. Sie ist aber größer, als die ganze Welt; denn ich konnte ihre Begrenzung nicht ausmachen. Der Mond empfängt in der Nacht, wenn die Sonne untergeht, sein Licht von ihr: deshalb scheint er in der Nacht so hell, wie auch der Himmel hell ist. So ist also zur Nacht der Tag am Himmel und auf Erden finster und es ist Nacht. Ich sah also mehr als ich sehen wollte. Ein Stern war größer als die halbe Welt und ein Planet so groß wie die Welt, und wo Luft war, da waren die Geister unter dem Himmel. Im Herabfahren sah ich auf die Welt, die war wie das Dotter im Ei und es schien mir, die Welt wäre nicht eine Spanne lang, und das Wasser war zweimal breiter anzusehen. Am 8. Tag nachts war ich wieder zu Hause, schlief drei Tage ununterbrochen, dann richtete ich alle meine Kalender und Horoskope neu aus. Dies habe ich Euch, gemäß Eurer Bitte, nicht vorenthalten wollen, und seht also in Euren Büchern nach, ob es sich nicht so verhält, wie ich es gesehen habe. Und seid von mir freundlich gegrüßt.

Doktor Faust, der

Sternseher.

Eine dritte Fahrt D. Fausts, die in einige Königreiche und Fürstentümer und vornehme Städte und Länder ging.

Dokt. Faust hat im 16. Jahr eine Reise oder Pilgerfahrt vor, und befiehlt seinem Geist Mephistophiles, daß er ihn leite und führe, wohin er begehre. Deshalb verwandelte sich Mephistophiles in ein Pferd, das schnell war, wie ein Dromedar, als ob es Flügel hätte, und so fuhr er hin, wohin D. Faust ihn lenkte. Faust reiste und durchstreifte viele Fürstentümer, wie Slowenien, Österreich, Germanien, Böhmen, Schlesien, Sachsen, Meißen, Thüringen, Franken, Schwaben, Bayern, Litauen, Livland, Preußen, Rußland, Friesland, Holland, Westfalen, Brabant, Flandern, Frankreich, Spanien, Portugal, Italien, Polen, Ungarn, dann wieder in Thüringen, er war 25 Tage unterwegs, währenddessen er nicht alles sehen konnte, wonach ihn gelüstete. Deshalb beschloss er, die Reise zumindest teilweise zu wiederholen, und ritt auf seinem Pferd nach Trier, da diese Stadt ihm zuerst einfiel, da sie so altfränkisch anzusehen war, aber er hatte nicht viel gesehen, außer einen Palast, ein wunderbares Gebäude, das aus gebrannten Ziegeln gemacht war und so fest, daß sie keinen Feind fürchten mü0ten. Dann besichtigte er die Kirchen, in denen Simeon und der Bischof Poppo beigesetzt waren, die waren au unglaublich großen Steinen, die mit Eisen zusammen gehalten wurden, erbaut. Danach wandte er sich gen Paris in Frankreich, wo ihm die Universität besonders gut gefiel. Was immer dem D. Faust an Städten oder Landschaften in den Sinn kam, das durchwanderte er. So unter anderen Mainz, wo der Main in den Rhein fließt. Er hielt sich da aber nicht lange auf, sondern wandte sich nach Kampanien in die Stadt Neapel, in der er unsagbar viele Klöster und Kirchen gesehen, und solch große hohe und prunkvolle Häuser, daß er sich darüber sehr verwunderte. Und in der Stadt ist ein großartiges Kastell oder Burg, gerade neu erbaut, welchem vor allen anderen Bauten in Italien der Preis gebührt wegen seiner Größe, Höhe und Geräumigkeit, und der Verzierung der Türen, des Mauerwerks, und Festsäle und Wohngebäude. In der Nähe liegt ein Berg, Vesuv genannt, der ist voller Weingärten, Ölbäume und anderer Obstbäume, dort wächst ein Wein, den man griechischen Wein nennt, so köstlich und gut. Da erinnerte er sich an Venedig, und verwunderte sich, daß es ringsum im Meer liegt, wo er allen Handel und Waren zum menschlichen Lebensunterhalt zu Schiff hatte hinbringen sehen, und er wunderte sich über den Überfluss in dieser Stadt, in der doch so gar nichts wächst. Er bemerkte auch die großen Häuser, Türme und verzierten Gotteshäuser und Prachtbauten mitten im Wasser stehen und errichtet. In Italien reiste er weiter nach Padua, um die dortige Universität zu besichtigen. Diese Stadt ist mit einer dreifachen Mauer befestigt, mit mancherlei Gräben und umgebenden Wässern, im Innern liegt eine Burg und Festung mit mancherlei Gebäuden und einem schönen Dom, ein Rathaus, das so schön ist, daß keines in der Welt diesem vergleichbar sein soll. Es gibt dort auch eine Kirche St. Antonius, ihresgleichen kann in ganz Italien nicht gefunden werden. Weiter kam er nach Rom, welches am Fluss Tiber liegt, der mitten durch die Stadt fließt, und jenseits des rechten Ufers liegt die Stadt auf sieben Hügeln, hat elf Tore und den Berg Vatikan, auf dem der St. Petersdom liegt, nebenan der Palast des Papstes, umgeben von einem schönen Lustgarten und daneben die Kirche San.Giovanni in Laterano, die zahlreiche Reliquien enthält, und die Apostolische Kirche genannt wird und gewiß eine der kostbarsten und berühmtesten Kirchen der Welt ist. Außerdem sah er viele heidnische, zerstörte Tempel, sowie Säulen, Triümphbögen, etc. welches alles zu erzählen zu lange dauern würde, so daß D. Faust sich an allem ergötzte. Er kam unbemerkt vor den Papst - Palast, dort sah er viele Diener und Hofschranzen, und was an Gerichten und Speisen man dem Papst auftrug, in solchem Überfluss, daß D. Faust da zu seinem Geist sagte: „Pfui, warum hat mich der Teufel nicht auch zu einem Papst gemacht?“ Dokt. Faust erkannte auch dies als Abbild für Seinesgleichen für Hochmut, Vermessenheit, Fressen, Saufen, Unzucht, Ehebruch, und alles gottlose Tun des Papstes und seines Gesindels, so daß er darauf weiter sagte: „Ich glaube, ein Schwein oder eine Sau des Teufels zu sein, aber er muss mich noch besser mästen. Diese Schweine in Rom sind fett und alle reif gebraten oder gekocht zu werden!“ Weil er viel in Rom gehört hatte, ist er durch Zauberei drei Tage und Nächte unsichtbar in des Papstes Palast geblieben, und der gute Herr Faust hat seitdem nicht mehr viel so Gutes gegessen und getrunken. Er stand also einmal unsichtbar vor dem Papst, als dieser essen wollte, da machte er ein Kreuz, jedesmal, wenn das geschah, blies D. Faust ihm ins Gesicht. Einmal lachte D. Faust, daß man‘s im ganzen Saal hörte, dann weinte er, als ob es ihm bitterernst wäre, und die Bediensteten wussten nicht, woher das kam. Der Papst redete ihnen ein, es wäre eine verdammte Seele, die um Ablass bitte, worauf ihr der Papst auch eine Buße auferlegte. Faust lachte darüber und es gefiel ihm eine solche Verblendung sehr gut. Als aber die letzten Gerichte und Speisen auf den Tisch des Papstes aufgetragen wurden, und es D. Faust hungerte, hob dieser die Hand, und sofort flogen ihm die Gerichte und Speisen mitsamt den Schüsseln zu, und er verschwand damit mitsamt seinem Geist auf einen Berg zu Rom, dem Capitol, wo er mit Lust aß. Dann schickte er seinen Geist zurück, der musste ihm den besten Wein vom Tisch des Papstes bringen, samt den silbernen Bechern und Kannen. Als jetzt aber der Papst gesehen hatte, was ihm alles geraubt worden war, hat er in der gleichen Nacht alle Glocken läuten und alle zusammenrufen lassen, und hat Messe und Fürbitte für die verstorbene Seele halten lassen, die das getan hatte, und im Zorn des Papstes den Faust oder seine verstorbene Seele zum Fegefeuer verurteilt und verdammt. D. Faust hatte aber des Papstes Gerichte und Getränke leer geräumt. Das Silbergeschirr wurde nach seinem Verschwinden in seinem Nachlass gefunden. Nachdem es dann Mitternacht geworden war und Faust von den köstlichen Speisen gesättigt war, ist er mit seinem Geist wieder in die Höhe aufgefahren und nach Mailand in Italien gekommen, was er als einen guten Platz zum Wohnen ansah; denn dort gibt es keine Zeichen von Hitze, dafür aber frische Wasser und sieben sehr schöne Seen, auch hat er noch andere schöne Flüsse und Wasser gesehen. Es gibt in der Stadt schöne, feste und gut gebaute Tempel und königliche altfränkische Häuser. Auch die hohe Burg und das Schloß mit seinen Festungstürmen und das Spital zu Ehren unserer lieben Frau gefielen ihm gut. Florenz besichtigte er als nächstes. Er bewunderte diesen Bischofssitz, mit den kunstvollen Verzierungen, den schönen Bögen und Gewölben, den prachtvoll verzierten Park von S. Maria, die Kirchen, die dort im Schloß sind mit wundervollen Kreuzgängen mit Marmor verkleidet, und einen ganz aus Marmor errichteten Turm und das Tor, durch das man eintritt, aus Glockenerz oder Bronze gegossen die die Geschichten des Alten und Neuen Testaments zeigen. In der Umgebung wächst guter Wein und es wohnen dort Künstler und Gewerbetreibende. Dann nach Lyon in Frankreich, zwischen zwei Bergen liegend, von zwei Flüssen umgeben, in der Nähe ein Tempel von vortrefflicher Würde und eine schöne Säule mit herrlichen bildhauerischen Darstellungen. Von Lyon wandte er sich nach Köln am Rhein, darin gibt es ein Stift, das Hohe Stift genannt, in welchem die drei Könige, die den Stern Christi gesucht, begraben liegen. Als D. Faust das sah, sagte er: „Oh, Ihr guten Männer, wie habt Ihr Euch verirrt, Ihr solltet doch in Palästina nach Bethlehem in Judäa ziehen, und seid hierher gekommen, oder seid vielleicht nach Eurem Tod ins Meer geworfen, in den Rhein getrieben, in Köln aufgefischt, und dann dort begraben worden.“ Hier gibt es auch S. Ursula, mit dem Teufel und 11.000 Jungfrauen. Dort gefiel ihm besonders die Schönheit der Frauen. Unweit von Köln liegt Aachen. Der Thron des Kaisers in dieser Stadt steht in einer ganz aus Marmor erbauten Kapelle, die Karl der Große erbaut haben soll und angeordnet haben soll, daß alle seine Nachfolger darin gekrönt werden sollen. Von Köln und Aachen wendete er sich wieder in‘s Welschland nach Genf, um die Stadt zu besichtigen, welche eine Stadt in Savoyen, in der Schweiz ist: Eine schöne und große Gewerbestadt mit fruchtbaren Weinbergen und einem Bischofssitz. Dann kam er nach Straßburg, und dort hat er erfahren, warum die Stadt diesen Namen hat, nämlich von den vielen Wegen, Toren und Straßen hat sie den Namen bekommen; ein Bistum gibt es hier auch. Von Straßburg gelangte er nach Basel in der Schweiz, wo der Rhein mitten durch die Stadt fließt, und , wie ihm sein Geist erklärte, soll die Stadt ihren Namen von einem Basilisken[52] haben, der dort gehaust habe. Die Stadtmauer ist aus Ziegelsteinen gemacht und mit tiefen Gräben versehen. Rings umher ist weites, fruchtbares Land, in dem noch viele alte Gebäude zu sehen sind, und eine Universität gibt es auch. In der Stadt gefiel ihm keine schön Kirche so gut, wie das Karthäuser Kloster. Von da kam er nach Konstanz, da gibt es eine schöne Brücke vom Stadttor über den Rhein. Der See, an dem Konstanz liegt, erklärte ihm der Geist, ist 20.000 Schritt lang und 15.000 Schritt breit. Die Stadt hat ihren Namen von Konstantin. Von Konstanz weiter nach Ulm, der Name leitet sich vom Weidengewächs und Ulmen ab, wohin die Donau fließt, durch die Stadt fließt ein Fluss, der Die Blau genannt wird. Ulm hat ein berühmtes Münster, die Pfarrkirche zu S. Maria, ein kunstvoller, prachtvoller Bau, Baubeginn 1377, dergleichen kaum anderswo zu sehen ist, darin sind 52 Altäre und 52 Opferstöcke und eine künstlerische und prächtige Sakristei. Als D. Faust jetzt Ulm verlassen und weiter wollte, sagte der Geist zu ihm: „Mein Herr, denkt über die Stadt, wie Ihr wollt, sie hat drei Grafschaften mit barem Geld an sich gebracht und mit allen ihren Privilegien und Rechten gekauft." Von Ulm aus, als er mit seinem Geist wieder in die Höhe fuhr, sah er in der Ferne viele Gegenden und Städte, darunter auch eine große Stadt, und dabei ein großes und festes Schloß, dahin wollte er, und landete in Würzburg, die Haupt- und Bischofsstadt des Frankenlandes, an der vorbei der Main fließt, da wächst ein kräftiger, gut schmeckender Wein, und viel Getreide. In dieser Stadt gibt es viele Orden, wie Bettelorden, Benediktiner, Stephaner, Karthäuser, Johanniter und Deutscher Orden.. Ferner gibt es dort drei Karthäuser Kirchen, vier Bettelorden, fünf Nonnenklöster und zwei Marien-Spitäler, die am Tor ein herrliches Gebäude haben. D. Faust, nachdem er die Stadt vollständig besichtigt hatte, ging des nachts in das bischöfliche Schloß, hat sich alles angesehen und viel Proviant darinnen

[52] Basilisk] Fabelwesen mit Vogelkopf und Schlangenleib, dessen Blick tötet.

gefunden. Als er dann die Festung besichtigte, fand er dort eine Kapelle in den Fels gehauen. Nachdem er vielerlei Weine probiert hatte, ist er wiederum weiter gefahren. Er kam nach Nürnberg, unterwegs sagte ihm der Geist: „Faust, du sollst wissen, daß der Name von Claudius Tiberius Nero herstammt und von Nero Nürnberg genannt wurde. In der Stadt gibt es zwei Pfarrkirchen: S. Sebald, der darin begraben liegt und die S. Lorenz Kirche, in der des Kaisers Insignien aufbewahrt werden, nämlich, Mantel, Schwert, Szepter, Apfel und Krone des großen Kaisers Karl. In der Stadt gibt es einen vergoldeten Brunnen, genannt der schöne Brunnen, in dem ist, oder soll sich befinden, der Speer, mit dem Longinus Christus in die Seite gestochen hat und ein Stück vom heiligen Kreuz. Die Stadt hat 528 Gassen, 116 Brunnen, vier große und zwei kleinere Glockenspieluhren, 6 große Tore und zwei kleinere Pforten, 11 steinerne Brücken, 12 Berge, 10 geordnete Märkte, 13 öffentliche Badehäuser, 10 Kirchen, in denen gepredigt wird. In der Stadt gibt es 68 vom Wasser getriebene Mühlräder, 132 Verwaltungsbezirke, 2 große Ringmauern und Gräben mit 380 Türmen und 4 Basteien, 10 Apotheken, 68 Stadtwächter, 24 Schützen oder Reiter, 10 Doktoren des Rechts und 14 der Medizin. Von Nürnberg nach Augsburg, wo er frühmorgens ankam und seinen Diener fragte, woher Augsburg den Namen hätte. Er bekam die Antwort, daß Augsburg viele Namen gehabt habe: zunächst, als sie erbaut wurde, Vindelica, dann Zizaria, danach Eisenburg und sei schließlich von Augustus Octavianus, dem Kaiser, Augusta genannt worden.[53] Und weil D. Faust sie besichtigt hatte, wollte er jetzt weiter nach Regensburg. Als D. Faust hier vorüber reisen wollte, sagte der Geist zu ihm: „Mein Herr Faust, dieser Stadt hat man sieben Namen gegeben, nämlich: Regensburg, wie sie heute noch heißt, ferner Tyberia, Quadrata, Hyaspolis, Reginopolis, Imbripolis und Ratisbona[54] , das ist nach Tiberius, dem Sohn des Augustus, oder der quadratischen Stadt, der groben Sprache der Nachbarn, der Königsburg, oder von den Flüssen und Schiffen auf ihnen .Diese Stadt ist stark befestigt und gut erbaut, an ihr fließt die Donau vorbei, in die an die 60 Flüsse münden, fast alle schiffbar. Anno 1115 wurde eine kunstvolle, berühmte, gewölbte

---

[53] zur Bedeutung der alten Namen: s.Bd.1, Romane des 15. u. 16. Jahrhunderts,S.1407 (909,30)

[54] a.a.O.] S.1407 (910,2 f.)

Brücke gebaut und eine ebenso berühmte Kirche, zu S. Remigius, ein prachtvolles Werk." D. Faust ist aber bald wieder weitergefahren und hat sich nicht länger dort aufgehalten; er hat aber einen Diebstahl begangen, und bei einem Wirt zum hohen Busche in seinen Keller eingebrochen, danach ist er nach München in's Bayernland gezogen, ein wahrhaft fürstliches Land. Die Stadt sieht wie neu erbaut aus, mit schönen, breiten Gassen und reich verzierten Häusern. Von München dann weiter nach Salzburg, einer Bischofsstadt in Bayern, die anfänglich auch mehrere Namen gehabt hatte. Die Umgebung hat Seen, sanfte Hügel, Berge, von denen sie Wildvögel und Wildbret erjagen können. Dann ging es von Salzburg nach Wien in Österreich. Zunächst sah er die Stadt von ferne, und wie er Geist ihm berichtete, könnte man nicht leicht eine ältere Stadt finden, ihren Namen habe sie von Flavius, dem Landvogt bekommen. Die Stadt hat einen großen, breiten Graben mit einem Vor- oder Außenwerk, und auch ringsum die Mauern einen gut befestigten 300 Schritt breiten Raum. Die Häuser sind allgemein bemalt, neben der kaiserlichen Wohnung ist die Universität errichtet. Die Obrigkeit der Stadt besteht nur aus 18 Personen. Zur Weinlese benötigt man 1200 Pferde, daher hat die Stadt auch weite, unergründliche Keller. Die Gassen haben festes Pflaster, die Häuser angenehme Gemächer und Stuben, weit von den Stallungen und sonst mit vielerlei Schnörkeln. Von Wien reiste er wieder in die Höhe, und sieht von da herab auf eine Stadt, die weit entfernt lag, das war Prag, die Hauptstadt von Böhmen, diese Stadt ist groß und in drei Teile geteilt: nämlich Alt Prag, Neu Prag und Klein Prag. Klein Prag umfasst die linke Seite und den Berg, auf dem der Königliche Hof liegt, sowie auch S. Veit, die Bistumskirche. Alt Prag liegt in der Ebene, umgeben mit gewaltigen Gräben. Aus dieser Stadt gelangt man über eine Brücke in den Stadtteil Klein Prag. Die Brücke hat 24 Stützbögen. Die neue Stadt ist so von der Altstadt durch einen tiefen Graben getrennt und ringsum mit Mauern gesichert, dort befindet sich das Universitätskolleg. D. Faust reist um Mitternacht weiter, und sieht eine andere Stadt. Als er sich auf eine Ebene herunter lässt, ist es Krakau, die Hauptstadt von Polen, mit einer schönen und berühmten Schule. Diese Stadt ist der Sitz der Könige von Polen und hat ihren Namen von Craco, dem polnischen Herzog, den Namen erhalten. Die Stadt ist mit hohen Türmen und Wällen und Außenwerken umgeben, deren Gräben etliche Fische beherbergen. Sie hat sieben Tore und viele, schöne Gotteshäuser. Die Umgebung hat mächtige, hohe Felsen und Berge, deren einer so hoch ist, daß man meint, er trage den Himmel, dort ließ sich D. Faust nieder und konnte von da in die Stadt blicken, so daß er nicht einzukehren brauchte, sondern unsichtbar um die Stadt gefahren ist. Auf diesem Berg verbringt D. Faust einige Tag, dann lässt er sich wieder in die Höhe bringen und begibt sich in Richtung Orient und reist in viele Königreiche, Städte und Landschaften, fährt auch einige Tage über Meer, wo er nichts außer Himmel und Wasser sah, und kam über Thrakien oder Griechenland nach Konstantinopel, das jetzt von den Türken Teucros genannt wird, wo der türkische Kaiser Hof hält, und erlebte dort viele Abenteuer, über die später noch berichtet werden wird, wie er dem türkischen Kaiser Suleiman zugesetzt hat. Konstantinopel hat den Namen von dem Kaiser Konstantin dem Großen. Die Stadt ist mit großen Zinnen, Türmen und Gebäuden so reichlich ausgestattet, daß man sie wohl zu Recht das neue Rom nennen kann, an beiden Seiten ans Meer grenzend. Diese Stadt hat 11 Tore, drei königliche Häuser oder Wohnungen. D. Faust bestaunte einige Tage des türkischen Kaisers Macht, Pracht und Hofhaltung, und eines abends, als der türkische Kaiser an der Tafel saß und speiste, bot ihm D. Faust ein Zauberstück und Sinnestäuschung: Denn in dem kaiserlichen Saal brachen große Feuerströme ringsum aus, so daß alle herbeiliefen, um zu löschen, da fing es an, zu blitzen und zu donnern. Er verzauberte auch den türkischen Kaiser so, daß er weder aufstehen, noch man ihn von dannen tragen konnte. Da wurde der Saal so hell, als ob die Sonne in ihm schiene. Und D. Fausts Geist trat in Gestalt, Kleidung und Schmuck eines Papstes vor den Kaiser und sprach: „Sei gegrüßt Kaiser, der du so sehr ausgezeichnet wirst, daß ich, dein Prophet Mohammed, vor dir erscheine." Nach diesen kurzen Worten verschwand er. Der Kaiser fiel nach diesem Zaubertrick auf die Knie nieder, ruft seinen Mohammed an, lobt und preist ihn, daß er ihn so gewürdigt und vor ihm erschienen wäre. Am Morgen des nächsten Tages fuhr D. Faust in das Schloß des Kaisers, worin er seine Frauen und Gespielinnen hielt, wohin niemand eintreten darf, außer ihm selbst und die kastrierten Knaben, die den Frauen aufwarten müssen. Dieses Schloß verzauberte er mit solch dichtem Nebel, daß man nichts sehen konnte, D. Faust, wie auch zuvor sein Geist, nahmen Gestalt und Aussehen an und gaben sich als Mohammed aus. Sie wohnten sechs Tage dort, so lange der Nebel währte, und der Sultan währenddessen sein Volk ermahnte und ihm befahl, diese Zeit mit Gottesdiensten und Gebeten zu begehen. D. Faust aß, trank, war guten Mutes und frönte der Wollust, danach fuhr im Ornat und Schmuck eines Papstes in den Himmel auf, daß ihn jedermann sehen konnte. Als jetzt D. Faust weg war, und der Nebel vergangen war, hat sich der Sultan in das Schloß begeben, seine Frauen herbeibeordert, und gefragt, wer hier gewesen wäre, als das Schloß so lange mit einem Nebel umgeben gewesen war. Sie berichteten ihm, es wäre der Prophet Mohammed gewesen, und er hätte des nachts die eine und die andere zu sich gerufen und mit ihr geschlafen, und gesagt habe, es werde daraus ein großes Volk und streitbare Helden erwachsen. Der Sultan hielt das für eine große Gnade, daß er mit seinen Frauen geschlafen, und fragte dann die Frauen, ob er sich auch anständig verhalten habe, als er mit ihnen geschlafen, und ob es in menschlicher Art zugegangen wäre. Sie antworteten, Ja, so wäre es zugegangen, er hätte sie geliebt, gekost und wäre mit dem Notwendigen sehr gut ausstaffiert gewesen, sie würden das gerne alle Tage so haben. Außerdem hätte er nackt bei ihnen gelegen in Gestalt eines Mannsbildes, nur seine Sprache hätten sie nicht verstehen können. Die Priester beschworen den Sultan, er solle nicht glauben, daß es Mohammed gewesen wäre, sondern ein Gespenst. Die Frauen aber sagten, Gepenst oder nicht: er wäre freundlich zu ihnen gewesen, ein- oder sechsmal des nachts und immer sich als meisterhaft erwiesen und im ganzen gut ausstaffiert gewesen etc. Das bereitete dem Sultan viel Kopfzerbrechen, so daß er seine Zweifel nicht los wurde.. D. Faust aber wandte sich gegen Mitternacht in die große Hauptstadt Kairo, die früher Memphis genannt wurde, worin der ägyptische Sultan sein Schloß und Hofhaltung unterhält. Dort verzweigt sich der Nil, welches der größte Fluss der ganzen Welt ist, und wenn die Sonne im Zeichen des Krebses steht, so überschwemmt und versorgt er das ganze Land Ägypten. Danach wandte er sich wieder nach Norden nach Ofen und Serbien in Ungarn. Die Stadt Ofen ist und war die königliche Hauptstadt in Ungarn, das ist ein fruchtbares Land. Es gibt dort

Wasser, wenn man Eisen darein taucht, dann wird es zu Kupfer. Ferner gibt es dort Gruben, aus denen man Gold, Silber und allerlei Metall fördern kann. Die Stadt nennen die Ungarn Buda, was auf deutsch Ofen heißt, es ist eine starke Festung und hat ein prachtvolles Schloß. Von da wandte er sich nach Magdeburg und Lübeck in Sachsen[55]. Magdeburg ist Bischofssitz, darin ist ein Krug aus Kanaa in Galiläa, wo Christus Wasser in Wein verwandelte. Lübeck ist ebenfalls ein Bischofssitz in Sachsen etc. Von Lübeck gelangte er nach Thüringen, nach Erfurt, wo eine Universität ist. Von Erfurt kam er nach Wittenberg und kam also, nachdem er anderthalb Jahr fort war, wieder heim, und hat dabei so viele Gegenden gesehen, daß sie nicht alle beschrieben werden konnten.

Vom Paradies.

Als D. Faust in Ägypten war, wo er die Stadt Kairo besichtigte, und in der Höhe über viele Königreiche und Länder reiste wie England, Spanien, Frankreich, Schweden, Polen. Dänemark, Indien, Afrika, Persien etc., ist er auch im Lande der Mauren gewesen, und dabei meist auf hohen Bergen, Felsen, oder Inseln sich niedergelassen und geruht; insbesondere ist er auch auf der berühmten Insel Britannien gewesen, wo es viele Flüsse, warme Quellen und Metallvorkommen gibt, und den Stein Gottes[56] und viele andere, die D. Faust mit sich heim gebracht hat. Die Orkney- und Shetlandinseln gehören zu Britannien und sind in dem großen Meer ringsum gelegen. Es gibt 23 solcher Inseln, von denen 10 wüst und 13 bewohnt sind. Kaukasus ist die höchste Erhebung zwischen Persien und Indien, von dort konnte D. Faust viele Länder und die Weite des Meeres überblicken, es gibt da soviele Pfefferbäume, wie bei uns Wacholderbüsche. Kreta, die griechische Insel liegt mitten im ägäischen Meer und untersteht den Venedigern, die dort Malvasier machen. Die

[55] Sachsen] bezeichnung für den niederdeutschen Raum

[56] Lesefehler] gemeint ist Bernstein (a.a.o. S.1409 zu 916.2)

Insel ist bevölkert von Geißen. Es gibt aber keine Hirschen, ebensowenig wie Raubtiere, auch keine Schlangen, Wölfe und Füchse, nur große, giftige Spinnen werden dort gefunden. Diese und viele andere Inseln, die ihm der Geist Mephistophiles aufgeführt und gezeigt hat, hat er besehen und erkundet. Und, um zum Thema zu kommen, liegt der Grund, daß D. Faust in diese Höhen hinauffuhr, nicht allein darin, daß er von dort einige Teile der Meere und die umliegenden Königreiche und Landschaften überblicken konnte etc. Sondern er war überzeugt, weil einige Inseln mit ihren Gipfeln so hoch so hoch seien, würde er auch schließlich das Paradies sehen können; denn seinen Geist hatte er deswegen nicht angesprochen und häte ihn auch nicht darum bitten dürfen. Und insbesondere auf dem Kaukasus, der mit seinen Gipfeln und Höhen alle anderen übertrifft, war er sicher, das Paradies sehen zu können. Von diesen Gipfeln sah er bis zum Lande Indien und Persien, und gegen Osten sah er in der Ferne vom Sonnenaufgang bis zum Himmelsäquator hinauf ein Licht, wie eine hellscheinende Sonne in einem Feuerstrom von der Erde bis an den Himmel aufsteigen ringsum auf der Erde begrenzt gleich einer kleinen, hohen Insel. Er sah auch in dem Tal und auf der Erde vier große Wasser entspringen: eines gegen Indien zu, ein zweites gegen Ägypten, das dritte gegen Armenien, und das vierte auch dahin.Als er das gesehen, hätte er gern Ursprung und Sinn davon gewusst, weshalb er sich vornahm, den Geist danach zu fragen. Das tat er mit bangem Herzen, und fragte also seinen Geist, was das wäre. Der Geist gab ihm bereitwillig Antwort und sagte, es wäre das Paradies, das da gegen Sonnenaufgang liege, ein Garten, den Gott angelegt hätte mit allen Lustbarkeiten, und diese feurigen Ströme wären die Mauern, die Gott dort errichtet hätte, um den Garten zu begrenzen und zu sichern. Er sagte weiter, man sähe dort auch ein helles Licht, das sei das feurige Schwert, mit dem der Engel den Garten bewacht, und für dich ist es noch so weit dahin, wie es zu Anfang war. Du hättest es aus der Höhe besser sehen können, aber du hast es nicht bemerkt. Das Wasser, das sich in vier Ströme teilt, entsoringt aus dem Brunnen, der mitten im Paradies steht, und sie heißen: Ganges, Nil, Euphrat und Tigris, und du kannst jetzt erkennen, daß es - das Paradies - unter dem Äquator liegt und bis in den Himmel reicht, und auf den feurigen Mauern wacht der Engel Cherubin mit seinem flammenden Schwert. Aber weder du, noch ich, noch irgendein anderer Mensch kann dorthin gelangen.

Von einem Kometen.

Zu Eisleben ist ein Komet gesehen worden, von erstaunlicher Größe. Da fragten einige seiner guten Freunde D. Faust, wie das komme. Er antwortete ihnen und sagte: „Es geschieht öfter, daß sich der Mond am Himmel verwandelt und die Sonne unterhalb der Erde ist. Wenn dann der Mond ihr nahe kommt, ist die Sonne so stark und kräftig, daß sie dem Mond sinen Schein nimmt, so daß er ganz rot wird. Wenn jetzt der Mond wieder in die Höhe steigt, nimmt er viele Farben an, und er erscheint als ein Vorzeichen vom Höchsten: Er wird zu einem Kometen, das sind mancherlei Gestalten und Bedeutungen, die Gott verhängt. Einmal kann es Aufruhr, Krieg oder Tod im Reich, wie Pest, Epidemie und andere Seuchen anzeigen, oder Überschwemmungen, Wolkenbrüche, Feuersbrunst oder Teuerung und dergleichen bedeuten. Aus solchen Konjunktionen und Wandlungen des Mondes und der Sonne entsteht dann ein Monstrum, wie ein Komet, wie dann die bösen Geister, die um den Zorn Gottes wissen, ihre Waffen ergreifen; dieser Stern ist wie ein Bastard unter den anderen, da der Erzeuger, wie oben gesagt. Sonne und Mond sind.

Von den Sternen.

Ein vornehmer Doktor N. X. W. aus Halberstadt lud D. Faust zu Gast, und bevor das Essen zubereitet war, sah er eine Weile zum Fenster hinaus in den Himmel, der, da es Herbst war, voller Sterne war. Und dieser Doktor war ein Mediziner, daneben ein guter Astrologe, weswegen er und auch weil er von D. Faust etwas über die Verwandlungen der Planeten und Sterne erfahren wollte, ihn eingeladen hatte, lehnte er sich zu D. Faust in das Fenster, um in den Sternenhimmel mit ihm zu schauen, und als er sah, wie sie aufleuchteten und herabfielen, fragte er D. Faust, welche Umstände und Beschaffenheit es damit habe. D. Faust antwortete: „Mein Herr und lieber Bruder, Ihr wißt schon, daß der kleinste Stern am Himmel, der uns hier unten kaum wie ein Kerzenlicht vorkommen, größer als ein Fürstentum ist. Sicher ist aber auch, daß die Ausdehnung des Himmels, wie ich es gesehen habe, größer als zwölfmal die Erde ist, auch wenn am Himmel keine Erde zu sehen ist, so gibt es doch viele Sterne, die größer sind als dieses Land, manch einer so groß , wie diese Stadt, jenseits davon ist einer, so groß wie der Umfang des römischen Reiches, ein anderer so groß wie die Türkei, und dann die Planeten: Da ist jeder so groß, wie die ganze Welt.

Eine Frage zur Beschaffenheit der Geister, welche die Menschen plagen.

Das stimmt wohl, mein Herr Faust, sagte dieser Doktor. „ Wie steht es aber um die Gestalt der Geister, von denen man sagt, daß sie nicht nur bei Tag, sondern auch nachts die Menschen plagen?“ D. Faust antwortete darauf: „Die Geister wohnen, weil sie der Sonne nicht untertan sind, und wandeln über den Wolken, und je heller die Sonne scheint, desto höher müssen sie ihre Wohnung suchen; denn das Licht und der Sonnenschein sind ihnen von Gott verboten und nicht gegönnt. Zur Nacht aber, wenn es stockfinster ist, wohnen sie unter uns Menschen; denn die Helligkeit der Sonne, selbst, wenn sie nicht scheint, macht den ersten Himmel so hell wie der Tag, daß also in tiefster Nacht, auch wenn die Sterne nicht scheinen, wir Menschen dennoch den Himmel sehen können. Woraus dann folgt, daß die Geister, die den Anblick der am Himmel emporsteigenden Sonne nicht ertragen können, sich in unsere Nähe auf die Erde begeben und bei uns wohnen und uns mit schweren Träumen, Schreien und grausamen und schrecklichen Erscheinungen ängstigen, denn wenn ihr in finsterer Nacht ohne Licht hinausgeht, dann erlebt ihr Schreckliches und so begegnen euch nachts auch viele Trugbilder, die ihr bei Tage nicht seht. Oft erschrickt jemand im Schlaf, wähnend, es sei ein Geist bei ihm, er greife nach ihm, gehe im Haus oder im Schlaf umher und dergleichen. Das alles geschieht uns nur, weil uns die Geister des nachts nahe sind und uns mit allerlei Narretei und Verblendung ängstigen und plagen

.Eine weitere Frage zu den Sternen,die auf die Erde fallen.

Daß Sterne plötzlich aufleuchten und auf die Erde herunterfallen, ist nicht ungewöhnlich, sondern geschieht fast jede Nacht. Wenn es dabei Funken oder Flammen gibt, sind das Zeichen, die von den Sternen fallen, oder wie wir sie nennen, Sternschnuppen, die sind zäh, schwarz und halb grünlich. Daß aber ein Stern hinunterfällt, ist nur eine Vorstellung der Menschen. Manchmal sieht man einen großen Feuerstrom bei Nacht herabfallen, das sind nicht, wie wir glauben, fallende Sterne. Denn obwohl eine Sternschnuppe größer ist als eine andere, ist die Ursache dafür, daß auch die Sterne einander ungleich sind. Und es fällt kein Stern ohne Gottes besondere Absicht vom Himmel, es sei denn, er wolle Land und Leute strafen, dann bringen solche Sterne die Wolken des Himmels mit sich, wodurch Überschwemmungen oder Feuersbrünste entstehen, die Land und Leute verderben.

Vom Donner.

Im August gab es zu Wittenberg des Abends ein großes Unwetter mit Hagel und viel Wetterleuchten, als D. Faust auf dem Markt bei anderen Medizinern stand, die von ihm Ursache und Beschaffenheit dieses Wetters zu wissen begehrten. Denen gab er die Antwort: „Es ist doch so, immer wenn ein Unwetter aufziehen will, dann wird es zuerst stürmen. Schließlich aber, wenn es eine Zeit lang gewittert hat, folgen große Platzregen. Das kommt daher, wenn die vier Winde des Himmels zusammen stoßen, wird das Gewölk dadurch zusammen getrieben, oder sie bringen das Gewölk zuerst her und mischen dann an diesem Ort die schwarzen und die Regenwolken miteinander, wie denn auch hier zu sehen ist, daß über der Stadt ein schwarzes Gewölk sich zusammen ballt. Danach wenn das Gewitter sich entlädt, mischen sich die Geister darunter und kämpfen mit den vier Himmelsrichtungen, so daß der Himmel die Stöße erregt und das nennen wir Donnern oder Poltern. Ist dann der Wind zu stark, dann kann der Donner nicht fort, sondern bleibt an Ort und Stelle, oder er treibt so schnell fort.Dann merkt er sich, von wo der Wind kam, der das Gewitter treibt, so daß oft ein Gewitter herankommt, mal von Süden, mal von Osten, mal von Westen, mal von Norden.

HIER FOLGT JETZT DER DRITTE UND LETZTE TEIL VON D. FAUSTS ABENTEUERN, WAS ER MIT SEINER SCHWARZEN KUNST AN FÜRSTENHÖFEN GETAN UND BEWIRKT HAT. LETZTLICH AUCH VON SEINEM ERBÄRMLICHEN UND SCHRECKLICHEN ENDE UND ABSCHIED.

Eine Geschichte von D. Faust und Kaiser Karl V.

Kaiser Karl, der Fünfte dieses Namens war mit seinem Hofstaat nach Innsbruck gekommen, wohin sich auch D. Faust begeben hatte, und mit vielen Freiherren und

Adligen, denen seine Kunst und Fertigkeiten gut bekannt waren, insbesondere bei denen, die er mit Arzneien und Rezepturen von vielen beachtlichen Schmerzen befreit hatte, an den Hof zum Essen geladen und berufen, sie gaben ihm das Geleit dahin, was Kaiser Karl bemerkte und seine Aufmerksamkeit erregte, wer das sei? Man sagte ihm, es wäre D. Faust, worauf der Kaiser schwieg, bis nach dem Essen, das war im Sommer nach Philippi und Jacobi. Danach beorderte der Kaiser den Faust in sein Gemach und hielt ihm vor, er wisse, daß er ein Kundiger der schwarzen Magie sei und wahrsagen könne, und er wünsche, eine Probe davon zu sehen, es solle nicht zu seinem Schaden sein, das gelobe er bei seiner Kaiserkrone. Darauf erbot sich Faust, Ihrer Kaiserl. Majest. untertänigst zu willfahren. Nun denn, so höre, sagte der Kaiser: „Vor einiger Zeit erging ich mich in meinem Lager in Gedanken damit, wie vor mir meine Voreltern und Vorfahren in so hohem Rang und Ansehen aufgestiegen sind, von dem ich und meine Nachkommen noch lange zehren können und insbesondere, daß in allen Königreichen der großmächtige Kaiser Alexander der Große, eine Leuchte und Zierde aller Kaiser, wie aus den Chroniken bekannt, große Reichtümer, viele Königreiche und Herrschaften sich untertan gemacht, was mir und meinen Nachkommen zu wiederholen schwer fallen dürfte. Daher ist mein größter Wunsch, mir Alexanders und seiner Gemahlin Aussehen, Gestalt, Gang, Gebärden, wie sie im Leben gewesen, vorzustellen, damit ich sehen kann, da0 du ein erfahrener Meister in deiner Kunst bist“ „Allergnädigster Herr,“ sagte Faust, „EW. Kais. Maj. Wunsch, Alexanders des Großen und seiner Gemahlin Aussehen, Gestalt und Gehaben, wie sie im Leben gewesen sind, vor Euch erscheinen zu lassen, werde ich untertänigst Folge leisten, so wie ich es mit meinem Geist vermag. Doch sollen Ew. Maj. wissen, daß ihre sterblichen Körper nicht von den Toten auferstehen oder gegenwärtig sein können, weil das unmöglich ist. Aber die uralten Geister, die Alexander und seine Gemahlin gesehen, die können ihre Gestalt und Formen annehmen und sich in diese verwandeln, durch diese werde ich Ew. Maj. Alexander wahrhaftig sehen lassen“ Darauf verließ Faust des Kaisers Gemach und ging, sich mit seinem Geist zu besprechen, dann kam er wieder zum Kaiser zurück und zeigte ihm an, ihm hier zu willfahren, aber mit der Bedingung, daß Ew. Maj. ihn nichts fragen oder reden dürften, was der Kaiser ihm zusagte. D. Faust öffnete die Tür. und bald darauf trat Kaiser Alexander ein, in genau der Gestalt und Aussehen, das er im Leben gehabt hatte: Nämlich ein stattliches, etwas rundliches Männlein, roten, leicht bleichen Bartes, mit roten Backen und strengem Gesichtsausdruck, als ob er Augen eines Basilisken hätte. Er trat ein mit vollständigem Harnisch zum Kaiser Karl und neigte sich in einer tiefen Verbeugung. Der Kaiser wollte sich erheben und ihn begrüßen, aber D. Faust wusste das zu verhindern. Kurz danach, nachdem sich Alexander erneut verneigt und zur Tür hinaus gegangen war, kam sogleich seine Gemahlin herein, die sich auch vor dem Kaiser tief verbeugte. Sie war ganz in blauem Samt gekleidet, der mit Gold und Perlen reich verziert war. Sie war außerordentlich schön, rotwangig wie Milch und Blut, schlank mit rundlichem Gesicht. Indem dachte der Kaiser: „Jetzt habe ich zwei Personen gesehen, die ich lange verehrt habe, und es wird schon stimmen, die Geister werden sich in diese Gestalten verwandelt und mich nicht betrogen haben, wie das Weib den Propheten Samuel erweckt hat." Und er desto sicherer sein konnte, dachte er daran, daß er öfter gehört hatte, daß sie hinten im Nacken eine große Warze gehabt habe, und er trat hinzu, um zu sehen, ob das auch an diesem Bild zu finden wäre und fand also die Warze vor, da sie stocksteif still stand und dann wieder verschwand, womit dem Kaiser sein Wunsch erfüllt worden war.

D. Faust zauberte einem Ritter ein Hirschgeweih auf den Kopf.

Nachdem Dokt. Faust dem Kaiser seinen Wunsch, wie beschrieben, erfüllt hatte, hat er sich abends, nachdem man zu Tisch gerufen hatte, auf eine Zinne gelegt, um das Treiben des Hofgesindes zu beobachten. Da konnte er zur Unterkunft der Ritter hinübersehen, und sah einen Ritter am Fenster eingeschlafen (denn es war tagsüber sehr heiß gewesen) den Namen der eingeschlafenen Person möchte ich aber nicht nennen, weil es ein Ritter und geborener Freiherr war, und obwohl dieses Abenteuer ihm viel Spott einbrachte, so half doch der Geist *Mephistophiles* seinem Herrn getreulich dabei und zauberte ihm, der schlafend im Fenster lag, ein Hirschgeweih auf den Kopf. Als er dann erwachte, und den Kopf in dem Fenster bewegte, begriff er den Schurkenstreich und wurde sehr bange darüber; denn die Fenster waren verschlossen und mit dem Gewicht des Geweihs auf seinem Kopf konnte er nicht vor und zurück, was der Kaiser bemerkte und herzlich darüber lachte, was der Ritter erdulden musste, bis D. Faust ihn schließlich von dem Zauber erlöste.

Wie sich der Ritter an D. Faust rächen wollte was ihm aber nicht gelang.

D. Faust nahm Abschied vom Hofe. überhäuft mit Geschenken und guten Wünschen nicht nur von den Kaiserlichen, sondern auch von anderen. Als er dann etwa anderthalb Meilen gereist war, nimmt er sieben Pferde in einem Wald wahr, die auf ihn lauerten. Es war der Ritter, dem das Abenteuer mit dem Hirschgeweih am Hofe widerfahren war, mit seinen Knechten. Die erkannten D. Faust und ritten spornstreichs und mit gespannten Gewehren auf ihn zu. D. Faust bemerkt sie und flieht in ein Wäldchen und reitet alsbald wieder daraus hervor auf sie zu. Die ihm auflauerten bemerken, daß das Wäldchen voller geharnischter Reiter war, die gegen sie anritten, deshalb gaben sie Fersengeld, wurden aber trotzdem aufgehalten und umzingelt, weswegen sie D. Faust um Gnade baten. D. Faust gab sie frei, verzauberte sie aber, daß sie alle Ziegenhörner auf der Stirn trugen für einen Monat lang und ihre Pferde aber mit Kuhhörnern als ihre Strafe. So überwand er also den Ritter und seine Knechte.

*D. Faust verschlingt einem Bauern ein Fuder Heu,
samt dem Wagen und Pferden.*

Einmal kam er auf dem Weg nach Gotha in ein Städtchen, wo er zu tun hatte, es war im Juni und die Zeit, in der man allenthalben das Heu einfuhr. Er ging mit einigen seiner Bekannten am Abend gehörig berauscht spazieren. Als nun D. Faust und seine Begleitung an das Tor kamen und am Graben entlang spazierten, begegnete ihnen ein Wagen mit Heu. D. Faust aber ging mitten auf dem Fahrweg, so daß ihn der Bauer notgedrungen ansprechen musste, er möge ihm ausweichen und neben dem Fahrweg warten. D. Faust, der bezecht war, antwortete ihm: „ Das will ich jetzt aber sehen, ob du mir oder ich dir weichen muss. Hör zu, Bruder, hast du nicht gehört, daß einem vollen Mann ein Heuwagen ausweichen muss?“ Der Bauer wurde darüber zornig und gab dem Faust trotzige Widerworte, die D. Faust wiederum beantwortete: „ Wie, Bauer, willst du mich erst dazu zwingen? Mach nicht viele Umstände, oder ich freß dir den Wagen, das Heu und die Pferde.“ Der Bauer darauf: „ Ei, dann friß auch meinen Kot!“ D. Faust verblendete ihn hierauf so, daß der Bauer glaubte, er hätte ein Maul so groß wie ein Fass, und er fraß und verschlang zuerst die Pferde, danach das Heu und den Wagen. Der Bauer erschrak fürchterlich und rannte zum Bürgermeister und erzählte ihm alles wahrheitsgemäß. Der Bürgermeister ging mit ihm, ungläubig lächelnd, um diese Geschichte anzusehen. Als sie an das Tor kamen, fanden sie des Bauern Rösser und den Wagen im Geschirr stehen, wie zuvor: Faust hatte ihn nur verblendet.

*Von drei vornehmen Grafen, die D. Faust auf ihren Wunsch
nach München zu des Bayernfürsten Sohnes Hochzeit,
sie anzusehen, durch die Luft hinfuhr.*

′ Drei vornehme Grafen, deren Namen ich hier aber nicht nennen möchte, die in Wittenberg damals studierten, trafen sich einmal und sprachen über die großartige

Pracht, die bei der Hochzeit in München mit des Bayernfürsten Sohn zu bestaunen sein würde, und wünschten, nur für eine halbe Stunde dabei sein könnten. Beim diesem Gespräch hatte einer der Herren eine Idee und sagte zu den anderen Grafen: „ Meine Vettern, wenn ihr auf mich hören wollt, werde ich euch einen guten Rat geben, daß wir die Hochzeit sehen können, und doch zur Nacht wieder hier in Wittenberg zurück sein können. Mein Vorschlag ist, daß wir zu D. Faust schicken, ihm unsere Verehrung entbieten und unser Vorhaben darlegen, und ihn bitten, uns dabei zu helfen, was er uns sicher nicht verweigern wird. Drüber waren sie einer Meinung, schickten nach Faust, erklärten ihm ihre Absicht, machten ihm ein Geschenk und richteten ihm ein stattliches Bankett aus, mit dem er sehr zufrieden war und ihnen versprach, das so durchzuführen.

Als dann die Zeit gekommen war, daß des Bayernfürsten Sohn Hochzeit halten sollte, rief D. Faust die Grafen zu sich in sein Haus, befahl ihnen, sie sollten sich auf das Beste kleiden, mit allem Ornat, das sie hätten. Dann nimmt er einen weiten Mantel, breitet ihn in seinem Garten, neben dem Haus, aus und setzte die Grafen darauf, und sich selbst mitten unter sie, befiehlt ihnen eindringlich, daß niemand, solange sie unterwegs sind, auch nur ein Wort reden dürfe, und auch, wenn sie in dem Palast des Herzogs von Bayern sein würden, und jemand mit ihnen sprechen, oder sie was fragen wollte, sie niemand eine Antwort geben sollten. Das alles versprachen sie gehorsam. Nach diesen Versprechen setzte sich D. Faust nieder und beginnt mit seinen Beschwörungen, schon bald erhebt sich ein starker Sturm, der den Mantel empor hebt und führt sie in der Luft dahin, daß sie rechtzeitig nach München in des Bayernfürsten Hof kamen. Sie fuhren aber unsichtbar, daß niemand sie sehen konnte, bis sie in des Fürsten Hof und Palast kamen. Der Hofmarschall bemerkte sie und meldete sie dem Fürsten , als alle Fürsten, Grafen und Herren schon ihre Plätze an der Tafel zugewiesen und sich niedergelassen hatten, draußen stünden aber noch drei Herren mit einem Diener, die gerade erst angekommen seien und möchten empfangen werden. Das tat der alte Fürst und sprach sie an, sie aber wollten nichts sagen; das geschah am Abend, als man zur Nacht essen wollte. Denn ansonsten, durch Fausts Kunst den ganzen Tag unsichtbar, hatten sie den

Hochzeittsfeierlichkeiten ohne Behinderung zugesehen. Weil aber, wie zuvor erzählt, D. Faust ihnen ernstlich verboten hatte, mit niemandem zu sprechen, wenn er aber sprechen würde, sollten sie alle zugleich den Mantel anfassen, dann würden sie augenblicklich zugleich wieder davon getragen werden. Als aber der Herzog von Bayern sich an sie wendet, und sie ihm keine Antwort geben, reicht man ihnen trotzdem Wasser für die Hände, während einer der Grafen wider das Gebot handeln will, beginnt D. Faust zu schreien: Auf, auf, und sofort entwischen die beiden Grafen und D. Faust, die sich an den Mantel geklammert haben davon, der dritte aber, der das versäumt hatte, wurde gefangen genommen und ins Gefängnis geworfen. Die beiden anderen kamen also gegen Mitternacht in Wittenberg an und gebärdeten sich schmerzvoll wegen ihres Gefährten, worauf D. Faust sie auf den nächsten Morgen vertröstete, da würde er ihn befreien. Der gefangene Graf war sehr erschrocken und verzagt, daß er so verlassen war und verhaftet und eingesperrt. Dann wurde er vernommen, was das für eine Spukerscheinung gewesen sei und wer die anderen drei wären, die verschwunden seien. Der Graf überlegte, wenn ich sie verrate, dann wird es ein böses Ende nehmen. Er gab darauf niemandem eine Antwort, so daß man an diesem Tag nichts aus ihm herausbringen konnte, und gab ihm schließlich den Bescheid, daß man ihn morgen unter Folter befragen und bestimmt zur Rede bringen würde. Der Graf dachte, wenn mich D. Faust heute vielleicht noch nicht befreit, und ich morgen gepeinigt und auf der Streckbank gefoltert werde, muss ich notgedrungen mit der Sprache heraus, tröstete sich aber damit, daß seine Gesellen wohl D. Faust dazu bringen würden, für seine Befreiung zu sorgen, was auch geschah; denn ehe der Tag anbrach, war D. Faust schon bei ihm, verzauberte die Wächter so, daß sie in einen tiefen Schlaf fielen. Dann öffnete er durch seine Zauberkunst Türen und Schlösser und brachte den Grafen rechtzeitig nach Wittenberg, wo dann dem D. Faust große Verehrung zuteil wurde.

Wie D. Faust Geld von einem Juden leiht, und diesem seinen Fuß als Pfand gibt, den er sich selbst, im Beisein des Juden absägte.

Ein Sprichwort sagt: Ein Hexenmeister und Zauberer werden im Jahr nicht um drei Heller reicher,[57] das erlebte D. Faust auch. Die Versprechungen, die sein Geist ihm gemacht hatte, waren groß, aber vieles war erlogen, weil der Teufel eben ein Lügengeist ist. Er hielt dem D. Faust vor, sich den Umgang mit Geld selbst anzueignen, um den Erfolg nutzen zu können, dann würde ihm das Geld auch nicht ausgehen, das wäre aber auch noch nicht mit dem Ende des Paktes beendet, sondern die Zusagen erstreckten sich noch auf vier Jahre nach Ende des Vertrages, wo er mit Geld und Gut keinen Mangel habe, außerdem würde er durch seine Kunst auch Essen und Trinken von allen Fürstenhöfen bekommen können, wie er ja schon erfahren habe. Darin musste ihm D. Faust Recht geben, und sich ihm nicht widersetzen. Er dachte bei sich selbst darüber nach, wie erfahren in der Zauberei er ja wäre. Nach diesem Disput und den Erklärungen des Geistes, ist er mit guten Freunden zu einem üppigen Bankett gegangen. Als er dann aber feststellte, daß er kein Geld zur Bezahlung hatte, nötigte man ihn, bei Juden Geld aufzutreiben, worum er sich auch bemühte: er nahm bei einem Juden sechzig Taler auf für einen Monat. Als diese Zeit abgelaufen war, und der Jude die Summe plus Zinsen erwartete, D. Faust aber nicht daran dachte, dem Juden etwas zu bezahlen, kommt der Jude in sein Haus und erhebt seine Forderung. D. Faust sagt zu ihm: „ Jude, ich habe kein Geld und weiß auch keines zu bekommen. Damit du aber sicher sein kannst, dein Geld zu bekommen, so will ich mir ein Glied, Arm oder Bein, abschneiden und dir zum Pfand geben, jedoch mit der ausdrücklichen Bedingung, daß, sofern ich zu Geld komme, und ich dich bezahlen würde, du mir mein Pfand wieder zurück gibst. Der Jude, ohne, daß er grundsätzlich Christen mißtraute, dachte, das müßte ein verwegener Mensch sein, der seine Glieder für Geld zum Pfand setzen wollte, und war deshalb mit dem

[57] Dagegen das vereinbarte Jahressalär vom Teufel. vgl. S. 28

Pfand einverstanden. D. Faust nimmt sich eine Säge, und schneidet einen Fuß damit ab und gibt ihn dem Juden (Es war aber nur Blendwerk) mit der Bedingung, daß er ihm den Fuß zurückgibt, sobald er Geld für die Bezahlung hätte, dann wollte er sich den Fuß wieder ansetzen. Der Jude war mit dem Handel zufrieden und ging mit dem Fuß davon. Als er aber weiter darüber nachdachte, was ihm dieser abgesägte Fuß nütze, wenn er ihn heimträgt und der anfängt zu verrotten und stinken, so daß er nicht wieder angesetzt werden könnte. Dieses Pfand hätte er so teuer erkauft, als wenn er seinen eigenen Fuß hergegeben hätte, er bekomme nichts dafür. (das hat der Jude später selbst so bekannt). Indem geht er über eine Brücke und wirft den Fuß in das darunter fließende Wasser. Das aber wusste D. Faust ganz genau und sandte drei Tage darauf nach dem Juden, er wolle ihn bezahlen. Der Jude kommt, D. Faust fragr, wo er das Pfand habe, er solle es ihm geben; denn er wolle ihn bezahlen. Der Jude sagte, weil es ja och niemand anderem genützt hätte, hätte er es weggeworfen. D. Faust aber wollte auf jeden Fall sein Pfand wiederhaben, oder der Jude sollte ihn entschädigen. Wollte der Jude aus diesem Handel herauskommen, so musste er noch sechzig Taler dazugeben, und D. Faust hatte doch beide Füße noch.

D. Faust betrügt einen Pferdehändler.

Ähnlich verfuhr er mit einem Pferdehändler auf einem Jahrmarkt. Er richtete selbst ein schönes Pferd prächtig zurecht, mit dem er auf den Jahrmarkt ritt, der Pfeiffering genannt wurde und hatte bald viele Käufer um sich. Schlie0lich wurde er es für vierzig Gulden los. Er sagte dem Pferdehändler vorher, er dürfe mit dem Pferd über keine Tränke reiten. Der Pferdehändler wollte aber sehen, was es damit wohl auf sich hätte und ritt in eine Schwemme, da verschwand das Pferd und er saß auf einem Bündel Stroh, daß er beinah ertrunken wäre. Der Käufer wusste aber sehr genau, wo sein Verkäufer übernachtete und ging zornig dahin. Er fand D. Faust auf einem Bett liegen, schlafend und schnarchend. Der Pferdehändler ergriff seinen Fuß und wollte ihn vom Bett ziehen, da löste sich das Bein aus der Hüfte und der Pferdehändler fiel mit ihm auf den Stubenboden nieder. D. Faust begann, Zeter und Mordio zu schreien, so daß dem Pferdehändler angst und bange wurde, und er die Flucht ergriff und sich aus dem Staube machte, nicht anders glaubend, als daß er dem Verkäufer ein Bein ausgerissen hätte. So kam D. Faust wieder einmal zu Geld.

D. Faust frisst ein Fuder Heu.

D. Faust kam in eine Stadt, Zwickau genannt, wo ihm viele Gelehrte Gesellschaft leisteten. Als er dann mit ihnen nach dem Abendessen spazieren ging, begegnete ihnen ein Bauer, der führte einen großen Wagen voller Heu des zweiten Schnittes. Den sprach er an, was er dafür nehmen wollte, ihnen genug zu essen davon zu lassen. Man wurde schnell handelseinig miteinander um einn Kreuzer oder Löwenpfennig[58] ; denn der Bauer glaubte, man triebe nur sein Gespött mit ihm. D. Faust fing an, so gierig zu essen, daß alle Umstehenden über ihn lachen mussten, er verblendete also den Bauern, daß der es mit der Angst bekam; denn er hatte schon fast die Hälfte weggefressen. Wollte der Bauer mit der verbliebenen Hälfte zufrieden sein, daß sie ihm bliebe, musste er dem Faust zu Willen sein. Als dann der Bauer an sein Ziel kam, fand er dort sein Heu wieder vollständig vor.

Von einem Streit zwischen 12 Studenten.

Zu Wittenberg, vor seinem Haus, erhob sich ein Streit zwischen sieben Studenten gegen fünf, das dünkte D. Faust nicht gerecht, daher verblendete er ihnen allen ihr

[58] Löwenpfennig] sächsische Münze von geringem Wert

Sehvermögen, daß niemand mehr den anderen sehen konnte, sie schlugen also blindlings aufeinander, daß unter den Zuschauern sich ein großes Gelächter über diesen seltsamen Kampf erhob, und man musste sie alle in ihre Wohnungen bringen. Sobald ein jeder dort ankam, konnte er wieder sehen.

Ein Abenteuer mit betrunkenen Bauern.

D. Faust zechte in einem Wirtshaus, in welchem an vielen Tischen Bauern saßen, die zuviel des Weines zu sich genommen hatten, weshalb sie mit Singen und Gröhlen einen solchen Lärm veranstalteten, daß keiner sein eigenes Wort mehr verstehen konnte. D. Faust sagte zu dem, der ihn eingeladen hatte: „Gebt Acht, ich werde das schnell beenden.“ Als aber die Bauern immer mehr Lärm machten, verzauberte er sie, daß allen Bauern die Mäuler weit offen stehen blieben, und keiner mehr es schließen konnte. Da wurde es plötzlich sehr still. Die Bauern sahen einander an und wussten nicht, wie ihnen geschehen war.. Sowie aber ein Bauer die Stube verließ, hatte er seine Sprache wieder, so daß ihres Bleibens dort nicht länger war.

D. Faust verkauft 5 Säue, jede für 6 Gulden.

Dokt. Faust betätigte sich wieder mit Wucher. Er versah sich mit 5 gemästeten Schweinen, die verkaufte er für sechs Gulden je Stück, aber mit der vertraglichen Bedingung, daß der Schweinehirt mit ihnen durch kein Wasser schwimmen dürfe. D. Faust zog wieder nach Hause. Als sich aber die Säue im Schmutz herumwälzten oder sich besudelten, trieb der Schweinehirt sie in eine Schwemme, da verschwanden sie, und es trieben lauter Strohwische empor. Der Käufer musste also mit Schaden abziehen; denn er wusste nicht, wie das zugegangen war, oder wer ihm die Schweine verkauft hatte.

Was D. Faust für Streiche an des Fürsten zu Anhalt Hof verübt hat.

Dokt. Faust kam einmal für eine Zeit zu dem Grafen von Anhalt, die heutzutage Fürsten sind, der sich ihm als gnädig gewogen erwies, das war in einem Januar. Am Tisch bemerkte er, daß die Gräfin hochschwanger war. Als das Abendessen beendet war, und Konfekt aufgetragen wurde, sagte D. Faust zu der Gräfin: „Gnädige Frau, ich habe überall gehört, daß Schwangere oft Lust auf und begierig nach mancherlei sind. Ich bitte Ew. Gnaden, mir nicht zu verschweigen, worauf zu essen jetzt Lust hätten.“ Sie antwortete ihm: „ Herr Doktor, ich will es Euch nicht verschweigen, was ich mir jetzt wünschte, nämlich, daß es Herbst wäre und ich frische Trauben und Obst genug zu essen hätte. D. Faust sagte darauf: „ Gnädige Frau, das kann ich leicht zuwege bringen. In einer halben Stunde kann Ew. Gnaden Lust gestillt werden.“ Er nahm zwei silberne Schüsseln und setzte sie nach draußen vor das Fenster. Als dann die Zeit gekommen war, griff er zum Fenster hinaus und holte die Schüsseln wieder herein, darinnen waren rote und weiße Trauben und in der anderen Schüssel Äpfel und Birnen, jedoch aus weit entfernten fremden Ländern, er stellte sie vor die Gräfin und sagte: „ Ew. Gnaden mögen sich davor nicht entsetzen sie zu essen, weil sie aus fremden Landen sind, wo der Sommer schon zu Ende ist.“ Also aß die Gräfin von allen Trauben und Obst mit Lust und großer Verwunderung. Der Fürst von Anhalt konnte nicht umhin, zu fragen, was es mit den Trauben und dem Obst auf sich habe. D. Faust antwortete: "Gnädiger Herr, Ew. Gnaden sollen wissen, daß das Jahr in zwei Weltkreise eingeteilt ist, daß, wenn es bei uns jetzt Winter, im Orient und Occident Sommer[59], denn der Himmel ist rund und dort die Sonne am höchsten jetzt ist, und wir zur gleichen Zeit die kurzen Tage und den Winter bei uns haben. In Orient und Occident , also in Indien und dem Morgenland, da steigt die Sonne nach unten, so daß sie dort jetzt den Sommer haben und zweimal im Jahr Früchte und Obst. Ebenso

[59] Orient und Occident] Verwirrung im Faustbuch: anstelle entgegengesetzter Tages- und Jahreszeiten in N und S wird das für W und O behauptet

ist bei uns Nacht, und bei ihnen beginnt der Tag. Denn die Sonne steht unter der Erde und das ist ein Gleichnis; das Meer bewegt sich höher hinauf, als das feste Land und wenn es nicht dem Höchsten gehorchen müsste, könnte es in einem Augenblick die Welt vernichten, und so steigt jetzt die Sonne bei ihnen auf, und bei uns geht sie unter. Weil ich diese Berichte kenne, habe ich meinen Geist dorthin gesandt, der ein fliegender und geschwinder Geist ist, der sich augenblicklich sich verändern kann, wie er will, der hat diese Trauben und das Obst herbeigeschafft.“ Das alles vernahm der Fürst in großer Verwunderung.

Von einem anderen Zauberstück, das D. Faust vollbrachte, um diesem Grafen zu gefallen, indem er ein prächtiges Schloß auf einen Berg zauberte.

Bevor D. Faust weiter ziehen wollte, bat er den Grafen, mit ihm vor das Tor zu treten, er wolle ihm ein Kastell oder Schloß zeigen, das er diese Nacht auf seinem Grund und Boden errichtet habe. Darüber wunderte sich der Graf sehr. Er ging also mit seiner Gemahlin und den Hofdamen hinaus vor das Tor, wo sie auf einem Berg, der Rohmbühel genannt, unweit der Stadt gelegen, ein schönes Haus und Kastell erblickten, das D. Faust über Nacht gezaubert hatte. Er bat den Grafen und dessen Gemahlin, sich dorthin zu begeben und mit ihm da zu frühstücken, was der Graf ihm nicht abschlagen mochte. Dieses Schloß war durch Zauberei so gestaltet, daß ringsherum ein tiefer Wassergraben angelegt war, worin mancherlei Fische zu sehen waren und Wasservögel, wie Schwäne, Enten, Reiher und dergleichen, was alles sehr erfreulich anzusehen war. An dem Graben standen fünf steinerne Türme und zwei Tore, sowie ein ausgedehnter Innenhof, in dem allerlei Tiere gezaubert waren, insbesondere solche, die man in Deutschland nicht oft zu sehen bekommt: Wie Affen, Bären, Büffel, Gemsen und andere fremde Tiere. Es waren aber auch wohlbekannte Tiere dabei, wie Hirsche, Wildschweine, Rehe und vielerlei Vögel, wie man sie nur erdenken kann, die fröhlich von Baum zu Baum hüpften oder flogen. Nach alledem setzte er seine Gäste zu Tisch, reichte ihnen ein herrliches und königliches Mahl mit Essen und Getränken, wie man sich nur erdenken kann. Er ließ jedesmal neun Gänge gleichzeitig auffahren, das musste sein Famulus, der Wagner, tun, der es vom Geist unsichtbar entgegen nahm, nämlich Speisen von Wild, Vögeln, Fischen und anderem. Von heimischen Tieren (wie D. Faust sie ankündigte) ließ er auftragen, von Ochsen, Büffeln, Böcken, Rindern, Kälbern, Hammeln, Lämmern, Schafen, Schweinen, etc. Von wilden Tieren gab es Gemse, Hase, Hirsch; Reh und anderes. Von Fischen Aal, Barben, Barsch, Bückling, Felchen, Äschen, Forellen, Hecht, Karpfen, Krebs, Muscheln, Neunaugen, Schollen, Lachs, Schleien und dergleichen. Von Vögeln ließ er auftragen Kapaunen, Teichenten, Wildenten, Tauben, Fasan, Auerhahn, Truthähne, und sonstige Hühner, Rebhühner, Haselhühner, Lerchen, Crammetsvögel, Pfauen, Reiher, Schwäne, Strauße, Trappen, Wachteln etc. An Weinen gab es Niederländer, Burgunder, Brabanter, Koblenzer, Kroatischer, Elsässer, Französische, Rheinische, Spanische, Holländische, Luxemburger, Ungarische, Österreichische, Krainer, Istrische, Würzburger, Fränkische, Malvasier, in summa so viele Lagen, daß an die hundert Kannen da herum standen. Solch herrliche Mahlzeit nahm der Graf gnädig auf, zog nach dem Essen wieder zurück an den Hof und es schien ihnen nicht, daß sie überhaupt etwas gegessen oder getrunken hätten, so hungrig waren sie. Als sie den Hof erreichten, da krachten aus besagtem D. Fausts Schloß gewaltige Kanonenschüsse und ein mächtiges Feuer stieg in die Höhe aus dem Schloß, bis es völlig verschwunden war, daß alle es sehen konnten. Da ging D. Faust wieder zu dem Grafen, der ihm mehrere hundert Taler verehrte, und ihn dann wieder fortziehen ließ.

Wie D. Faust mit seinen Studenten in des Bischofs von Salzburg Keller einbrach.

Als D. Faustwieder in Wittenberg eintraf, kam die Fastnachtszeit heran. D. Faust war der *Bacchus*, der für den Wein zu sorgen hatte. er berief etliche Studenten zu sich, und nachdem sie von ihm mit Speisen gut versorgt worden waren, wollten sie den *Bacchus* tüchtig feiern. Sie überredete D. Faust, mit ihm in einen Keller zu ziehen, und dort die herrlichen Tropfen, die er ihnen kredenzen würde, zu probieren, wozu sie sich leicht überreden ließen. Da nahm D. Faust in seinem Garten eine Leiter und setzte jeden von ihnen auf eine Sprosse und fuhr mit ihnen davon, daß sie noch in der gleichen Nacht im Keller des Bischofs von Salzburg landeten, wo sie allerlei Weine kosteten und nur von den besten tranken, da dieser Bischof über herrliche Weinberge verfügte. Wie sie nun alle fröhlich zusammen in dem Keller waren, und D. Faust einen leuchtenden Stein mitgenommen hatte, damit man die Fässer alle sehen konnte, kam des Bischofs Kellermeister zufällig daher, der sie als Diebe, die eingebrochen waren. bezichtigte. Das verdroß D. Faust und er mahnte seine Gesellen zum Aufbruch, er griff den Kellermeister bei seinen Haaren und fuhr mit ihm davon, und als sie zu einer großen, hohen Tanne kamen, setzte er den Kellermeister, der in Angst und Schrecken war, darauf. Dann kam D. Faust mit seinen Studenten wieder nach Hause, wo sie zuerst den Abschiedstrunk miteinander hielten, mit dem Wein, den, D. Faust in große Flaschen gefüllt hatte in des Bischofs Keller. Der Kellermeister aber, der die ganze Nacht auf dem Baum hatte aushalten und sich hatte festhalten müssen, um nicht herab zu fallen, und beinahe erfroren war, als er sah, daß es hell geworden war, die Tanne aber so hoch, daß es ihm unmöglich war, herab zu steigen, weil er keinen Ast hatte, weder oben noch unten, begann nach einigen Bauern zu rufen, die vorbeifuhren, und berichtete ihnen, wie es ihm ergangen sei, und bat sie, ihm herunter zu helfen. Die Bauern wunderten sich nicht wenig über das Gehörte und meldeten es in Salzburg bei Hofe, Da gab es eine große Aufregung, und der Kellermeister wurde mit viel Mühe und Arbeit mit Hilfe von Stricken herabgebracht. Er konnte aber keine Angaben darüber machen, wer die gewesen waren, die er im Keller bemerkt, noch wer derjenige war, der ihn auf den Baum gebracht hatte.

Vom Fastnachtdienstag.

Die sieben Studenten von zuvor, unter ihnen vier Magister, waren Studenten der Theologie, Jurisprudenz und Medizin, die zusammen den Fastnachtssonntag gefeiert hatten, waren am Fastnachtsdienstag wieder zu D. Fausts Wohnung ge

beten worden zu einem Nachtessen (da sie angenehme und liebe, gut bekannte Gäste des Faust waren), und als sie zunächst mit Hühnern, Fisch und Braten, aber nur in geringen Mengen bewirtet worden waren, tröstete D. Faust seine Gäste mit diesen Worten: "Liebe Herren, seid nicht enttäuscht über meine bescheidene Bewirtung, der Schlaftrunk wird umso besser werden. Ihr wisst, daß an vieler Potentaten Höfen die Fastnacht mit köstlichen Speisen und Getränken gefeiert wird, dessen sollt ihr auch teilhaftig werden. Und das ist der Grund dafür, daß ich euch zuvor mit solch wenigen Speisen und Getränken bewirtete; daß ihr kaum den Hunger besänftigen konntet; denn ich habe vor zwei Stunden drei Flaschen, eine mit fünf Maß, die beiden anderen je acht Maß enthaltend, in meinen Garten deponiert, und meinem Geist befohlen, einen Ungarischen, einen Italienischen, und einen Spanischen Wein zu holen. Außerdem habe ich fünfzehn Schüsseln in den Garten tragen lassen, die bereits mit allerlei Speisen gefüllt sind, die ich nur noch warm machen muß. Und glaubt mir, es ist keine Verblendung, daß ihr nur glaubt zu essen und es ist doch nichts da." Nachdem er diese Ansprache beendet hatte, befahl er seinem Famulus, dem Wagner, einen neuen Tisch zu bereiten, was der auch tat, und er trug sodann fünfmal Speisen auf, jedesmal drei Gänge auf einmal, Wildbret, Schinken und dergleichen. Als Tischwein brachte er Wein aus Welschland, Festweine aus Ungarn und Spanien. Und als sie dann alle voll und doll waren, aber noch viele Speisen übrigblieben, begannen sie schließlich zu singen und tanzen, und gingen erst nach Hause, als es zu tagen anfing. Morgens aber wurden sie zur rechten Fastnacht bestellt.

Am Aschermittwoch der ordentlichen Fastnacht.

Am Aschermittwoch zum Beginn der ordentlichen Fastenzeit, kamen die Studenten als eingeladene Gäste wieder in D. Fausts Haus, wo er ihnen ein üppiges Mahl vorsetzte, und sie tüchtig sangen, tanzten und alle Kurzweil trieben. Wie nun die großen Gläser und Becher herum gereicht wurden, begann D. Faust mit seinem Gaukelspiel, so daß man in der Stube allerlei Instrumentalmusik hörte, ohne daß man wusste, woher dieses kam; denn sowie ein Instrument aufhörte, kam sofort ein anderes, mal eine Orgel, mal Lauten, Geigen, Zithern, Harfen, Krummhörner, Posaunen, Einhandpflöten, Querpfeifen, kurz, alle Instrumente waren zu hören, dadurch fingen die Gläser und Becher an, auf den Tischen zu tanzen. Dann nahm D. Faust eine Schüssel, oder zehn, und stellte sie mitten in die Stube, die fingen auch alle an, zu tanzen und sich gegenseitig anzustoßen, so daß sie in Scherben gingen und sich unter einander zerschmetterten, worauf es am Tisch ein großes Gelächter gab. Dann fing er eine andere Belustigung an: Er ließ einen Hahn im Hof fangen, den er auf den Tisch setzte. Als er dem jetzt zu trinken gab, hub der natürlich zu krähen an. Zur weiteren Belustigung setzte er ein Instrument auf den Tisch, da kam ein alter Affe in die Stube, der vollführte viele schöne Tänze auf dem Tisch.. Er trieb noch viele Belustigungen und Kurzweil bis in die Nacht hinein und bat die Studenten, bei ihm zu bleiben und mit ihm zur Nacht zu essen, er wollte ihnen Geflügel zu essen geben und hernach eine Maskerade veranstalten, was sie ihm auch gerne zusagten. Da nahm D. Faust eine Stange und hielt sie zum Fenster hinaus, alsbald kamen viele Vögel angeflogen, und die sich auf die Stange setzten, die blieben daran hängen. Als er dann ein gut Teil gefangen hatte, halfen die Studenten ihm, ihnen den Hals umzudrehen und sie zu rupfen. Es gab Lerchen, Krummetsvögel, und vier Wildenten. Nachdem sie jetzt abermals tüchtig gegessen und gezecht hatten, fingen sie mit der Maskerade an. D. Faust befahl ihnen, jeder solle ein weißes Hemd anziehen und sich ihm zeigen. Das geschah. Als die Studenten einander ansahen, glaubte ein jeglicher, er habe keinen Kopf, und gingen in einige Häuser, worüber die Leute furchtbar erschraken. Als die Herren, bei denen sie um Fastnachtsgebäck gefragt hatten, hereingebeten wurden, da hatten sie ihr gewöhnliches Aussehen wieder und man erkannte sie. Danach verwandelten sie sich erneut und hatten jetzt natürliche Eselsköpfe und Ohren, das trieben sie bis zur Mitternacht und zogen dann ein jeder wieder in sein Haus, machten für diesen Tag Schluss mit der Fastnacht und gingen schlafen.

Vom vierten Fastnachtstag am Donnerstag.

Die letzten Saufgelage waren am Donnerstag, als viel Schnee gefallen war. D. Faust war bei den Studenten eingeladen, die ihm eine ordentliche Mahlzeit vorsetzten, als er sein Gaukelspiel fortsetzte und 13 Affen in die Stube zauberte, die ein possierliches Spiel trieben, wie man es noch nie gesehen hatte: Sie sprangen auf- und übereinander, wie man sonst die Affen dressiert, so griffen sie einander bei den Füßen, tanzten einen Reigen um den Tisch herum, und verschwanden dann zum Fenster hinaus. Sie setzten dem Faust einen gebratenen Kalbskopf vor, als ihn dann einer der Studenten zerlegen wollte, fing der Kalbskopf an, mit menschlicher Stimme zu schreien: "Mord! Hilfe! Oh weh, was tust du mir an!" worüber sie sehr erschraken, und dann wieder anfingen zu lachen. Man verzehrte also den Kalbskopf, und D. Faust ging noch zeitig am Tag nach Hause, mit der Zusage, bald wieder zu kommen. Er rüstete durch Zauberei einen Schlitten zu, der die Gestalt eines Drachen hatte, auf dessen Kopf saß D. Faust und mitten auf dem Drachen die Studenten. Auf dem Schwanz hockten vier verzauberte Affen, die fröhliche Gaukeleien miteinander trieben. Einer blies auf der Schalmei, und der Schlitten fuhr von selbst, wohin sie wollten. Das währte bis Mitternacht mit solchem Klappern, daß niemand den anderen hören konnte, und die Studenten wähnten, sie wären in der Luft spazieren gegangen.

Am weißen Sonntag mit der verzauberten Helena.

Am weißen Sonntag kamen die zuvor genannten Studenten auf einmal wieder zu D. Faust zum Nachtmahl. Sie brachten ihr Essen und Getränke mit sich, die sehr angenehme Gäste waren. Als nun der Wein ihnen zu Kopfe stieg, sprach man am Tisch von schönen Frauen da begann einer von ihnen, er möchte kein Weibsbild lieber sehen, als die schöne Helena aus Griechenland, deretwegen die schöne Stadt Troja zugrunde gegangen wäre. Sie müßte schön gewesen sein, weil sie ihrem Mann geraubt und darauf solche Empörung entstanden wäre. D. Faust antwortete: " Weil ihr denn so versessen darauf seid, die schöne Gestalt der Königin Helena, Gattin des Menelaus, Tochter des Zeus und der Leda, Schwester der Dioskuren Castor und Pollux (welche die Schönste in Griechenland gewesen sein soll) zu sehen, will ich euch dieselbe vorstellen, damit ihr persönlich ihren Geist in Form und Gestalt, wie sie im Leben gewesen, sehen könnt, so wie ich auch Kaiser Karl V. auf sein Verlangen Alexander den Großen und seine Gemahlin vorgestellt habe." Dann gebot D. Faust ihnen, daß keiner reden, noch vom Tisch aufstehen oder sie zu begrüßen sich anmaßen dürfe, und ging zur Stube hinaus. As er wieder hineinkam, folgte ihm die Königin Helena auf dem Fuße, so wunderschön, daß die Studenten nicht wussten, ob sie noch bei Sinnen wären, so verwirrt und entflammt waren sie. Helena erschien in einem kostbaren schwarzen Purpurkleid, ihr Haar hing lose herab, das herrlich goldfarben erschien und so lang, daß es ihr bis in die Kniekehlen reichte, mit schönen kohlschwarzen Augen, einem lieblichen Angesicht in einem runden Köpfchen, ihre Lippen rot wie Kirschen, einem kleinen Mündchen, einem Hals wie ein weißer Schwan rote Wangen, wie ein Röschen, ein überaus schön strahlendes Angesicht, eine hoch aufgerichtete schlanke Person. Kurz, es war kein Makel an ihr zu finden.Sie sah sich überall in der Stube um mit offenem, neugierigem Blick, daß die Studenten sich sogleich in sie verliebten. Weil sie es aber für ein Trugbild ansahen, verging ihnen schnell solches Gefühl. Und so ging Helena mit D. Faust wieder zur Stube hinaus. Als die Studenten alles gesehen hatten, baten sie D. Faust, er solle ihnen den Gefallen tun, und sie morgen wieder herbei zitieren, dann wollten sie einen

Maler mitbringen, der sie porträtieren sollte. Was ihnen D. Faust abschlug und sagte, daß er ihren Geist nicht jederzeit erwecken könne. Er wolle ihnen aber ein Bild von ihr zukommen lassen, das die Studenten abzeichnen könnten, was dann auch geschah, und die Maler es später unter sich herumreichten; denn es zeigte die herrliche Gestalt einer schönen Frau. Wer aber dieses Bild dem Faust abgezeichnet hat, hat man nicht erfahren können. Die Studenten aber, als sie zu Bett gegangen waren, haben wegen der Erscheinung und den Formen, die sie vor sich gesehen hatten nicht schlafen können, woraus man erkennen kann, daß der Teufel die Menschen oft in Liebeswahn versetzt und verblendet, daß man in sündhaftes Leben gerät, und dann nicht leicht daraus wieder herauszubringen ist.

Von einem Zauberstück, wie einem Bauern 4 Räder von seinem Wagen in die Luft flogen.

Dokt. Faust wurde nach Braunschweig in die Stadt zu einem Marschall, der die Schwindsucht hatte zur Hilfe gerufen und angefordert. Nun hatte aber D. Faust die Angewohnheit, niemals zu reiten oder zu fahren, sondern hatte sich darauf eingestellt, zu gehen, wohin er gerufen wurde. Als er sich der Stadt näherte und die Stadt vor sich sah, begegnete ihm ein Bauer mit vier Pferden und einem leeren Wagen. Diesen Bauern sprach D. Faust freundlich an, ob er ihn wohl aufsitzen lasse und bis an das Stadttor fahren wollte, was ihm aber der Narr verweigerte mit der Begründung, er habe ohnehin schon genug herauszufahren. D. Faust war es aber mit seiner Bitte nicht ernst gewesen, sondern hatte den Bauern nur prüfen wollen, ob wohl auch bei ihm Freundlichkeit zu finden wäre. Solch ungehobeltes Benehmen, wie man es oft bei Bauern findet, bezahlte D. Faust wiederum mit gleicher Münze und sagte zu ihm: " Du Narr und nichtswürdiges Dreckstück, da du solche Grobheit mir gegenüber beweist, die du gewiß auch anderen antust und schon getan hast, soll dir entsprechend gelohnt werden: Du sollst deine vier Räder an den Toren, an jedem eines, wieder finden. Da fuhren die Räder durch die Luft, daß sich jedes Rad an einem anderen Tor hat wiederfinden lassen, doch ohne, daß es jemand bemerkte. Auch die Pferde des Bauern sanken zur Erde, als ob sie tot wären. Darüber erschrak der Bauer furchtbar; denn er dachte, das wäre die Strafe Gottes wegen seiner Unhöflichkeit, er war verzweifelt und weinend bat er Faust mit erhobenen Händen und auf Knien um Verzeihung, und bekannte, daß er diese Strafe wohl verdient habe. Es sei ihm eine Lehre für das nächste Mal, solche Grobheiten nie mehr zu gebrauchen. Ob solcher Demut erbarmte sich Faust und sagte: " Er solle das nie wieder tun, denn es gäbe nichts Schlimmeres, als Unhöflichkeit und Undank, sowie Überheblichkeit, die damit einhergeht." Er solle nun etwas Erde aufheben und auf die Pferde werfen, davon würden sie sich wieder aufrichten und gesund werden, was dann auch geschah. Dann sagte er dem Bauern: " Deine Grobheit kann nicht ganz ohne Strafe bleiben, sondern soll mit gleicher Münze bezahlt werden, weil es dir eine so große Mühe dünkte, jemanden auf einem leeren Wagen mitzunehmen, so siehe, deine vier Räder findest du an den vier Stadttoren. Der Bauer ging hin, und fand es so, wie D. Faust gesagt hatte; mit viel Mühe und Anstrengung, sowie Versäumung seines vorgehabten Geschäftes, konnte er den Wagen wieder flott machen: so strafte die grobe Unhöflichkeit den eigenen Herrn.

Von 4 Zauberern, die einander die Köpfe abgehauen und wieder aufgesetzt hatten, wobei auch D. Faust das Seine tat.

Dokt. Faust kam zur Fastenzeit nach Frankfurt zur Messe, als ihm sein Geist Mephistophiles berichtete, wie in einem Wirtshaus in der Judengasse vier Zauberer aufträten, die einander die Köpfe abhieben, und zum Barbier schickten, sie zu rasieren und viele Leute dabei zusahen. Das verdroß Faust, der wähnte, er allein wäre beim Teufel der Hahn im Korb, er ging also dorthin, um sich das auch anzusehen, wo die Zauberer schon dabei waren, die Köpfe abzuhauen, bei ihnen war der Barbier, der sie waschen und schön machen sollte. Auf dem Tisch aber hatten sie eine

Glasschüssel mit destilliertem Wasser. Einer unter ihnen, der der oberste Zauberer war, war ihr Henker, der zauberte dem ersten eine Lilie in die Schüssel, die ergrünte darin, und er nannte sie Wurzel des Lebens, darauf richtete er den ersten hin, ließ den Kopf rasieren und setzte ihm danach denselben wieder auf, sogleich verschwand die Lilie, und der erste hatte seinen Kopf wieder unversehrt. So verfuhr er auch mit dem zweiten und dem dritten, die ihre Lilien im Wasser hatten, worauf die Köpfe rasiert und wieder aufgesetzt wurden.. Als nun die Reihe an dem Obersten und Henker war, und seine Lilie im Wasser auch grünte und blüte, wurde ihm der Kopf vor die Füße gelegt. Als man daran ging, den Kopf in Gegenwart Fausts zu waschen und rasieren, dem diese Büberei in die Augen stach und der Hochmut des Zaubermeisters erboste, wie er so dreist und gotteslästerlich mit lachendem Mund sich den Kopf abschlagen ließ, da ging D. Faust zu dem Tisch, auf dem die Schüssel mit der Lilie stand, zieht ein Messer und schneidet den Blumenstengel von der Blüte ab, was niemand bemerkte. Als aber die Zauberer den Schaden sahen, war ihre Kunst am Ende, sie konnten ihrem Gesellen den Kopf nicht wieder aufsetzen. So musste also der böse Mensch in Sünden sterben und verderben, wie dann der Teufel allen seinen Dienern letztlich diesen Lohn gibt und sie in die Hölle schickt. Von den Zauberern wusste aber keiner, wie das mit dem abgeschnittenen Stengel zugegangen war, und vrmuteten auch nicht, daß es D. Faust getan hätte.

Von einem alten Mann, der D. Faust von seinem gottlosen Leben abmahnen und bekehren wollte, auch was für Undank er dafür empfing

Ein christlich frommer und gottesfürchtiger Arzt und Verehrer der H. Schrift, da bei auch ein Nachbar des D. Faust, der mitbekam, daß viele Studenten bei ihm aus- und eingingen als in einen Schlupfwinkel des Teufels mit seinem Anhang, und nicht Gott mit seinen guten Engeln bei Faust Wohnung hatten, nahm sich vor, D. Faust von seinem teuflischen, gottlosen Treiben abzumahnen, und rief ihn deshalb aus christlichem Eifer in seine Wohnung. Faust ging also zu ihm. Während des Essens redete der Alte ihn an: " Mein lieber Herr und Nachbar, ich habe an Euch eine freundliche, christliche Bitte, nehmt mir meinen eifrigen Vortrag nicht übel und verachtet mir meine bescheidene Mahlzeit nicht, sondern nehmt sie dankbar an, wie Gott sie uns beschert hat. D. Faust bat, er möge sein Anliegen vortragen, er werde ihm geduldig zuhören. Da begann der Alte: " Mein lieber Herr und Nachbar, Ihr wisst, daß Euer Vorhaben, Gott und allen Heiligen abzusagen und Euch dem Teufel zu verschreiben, den größten Zorn und Ungnade Gottes hervorruft, und daß Ihr von einem Christen zu einem richtigen Ketzer und Teufel geworden seid. Ach, was tut Ihr Eurer Seele an? Es geht ja nicht allein um den Körper,, sondern auch um die Seele, die in ewiger Pein und Verdammnis verharren muss. Wohlan, mein Herr: es ist noch nicht zu spät, wenn Ihr nur wieder umkehrt, um Gottes Gnade und Verzeihung bittet, wie Ihr am Beispiel in der Apostelgeschichte im 8. Kapitel über Simon aus Samaria sehen könnt, der auch viele Leute verführt hatte, die ihn tatsächlich für einen Gott gehalten hatten, und ihn die Kraft Gottes, oder Simon, der heilige Gott genannt hatten. Er wurde dann aber bekehrt, als er die Predigt des St. Philippus gehört hatte und sich taufen ließ und an unseren Herrn Jesus Christus glaubte. Später war ein Gefolgsmann des Philippus, wie in der Apostelgeschichte berichtet wird. Also, mein Herr, lasst Euch meine Predigt auch gefallen und eine dringende Mahnung sein; denn Buße, Gnade und Verzeihung ist jetzt zu suchen, wofür es viele, schöne Beispiele gibt, wie den Schächer, ferner St. Petrus, Mat- thäus und Magdalena, ja zu allen Sündern sagte Christus, der HERR: Kommt zu mir alle, die ihr mühselig und beladen seid, ich will euch erquicken. Und im Propheten Ezechiel: Ich begehre nicht den Tod des Sünders, sondern, daß er sich bekehre und lebe, denn seine Hand ist nicht verkürzt, daß er nicht mehr helfen könnte. Diese Predigt, mein Herr, lasst Euch zu Herzen gehen und bittet Gott um Verzeihung um Christi willen, stehet zudem von Euren bösen Plänen ab; denn die Zauberei ist gegen Gottes Gebot, da er sie im Alten und Neuen Testament bei schwerer Strafe verbietet, wo er sagt: Man soll sie nicht leben lassen, man soll nicht an sie glauben und keine Gemeinschaft mit ihr haben; denn sie ist Gott ein Gräuel, und auch St. Paulus nennt den Bar Jehu oder Elimas, den

Zauberer, ein Kind des Teufels, ein Feind aller Gerechtigkeit und daß sie kein Teil am Reich Gottes haben sollen." Dokt. Faust hörte ihm geduldig zu und sagte, daß ihm der Vortrag gut gefiele, und er bedankte sich bei dem Alten für seine gute Absicht, und gelobte ihm, soweit es ihm möglich wäre, dem nachzukommen, damit verabschiedete er sich. Zu Hause dachte er gründlich über Belehrung und Ermahnung nach und überlegte, was er doch sich und seiner Seele angetan hatte,
daß er sich dem bösen Teufel so ergeben hätte. Er wolle Bu0e tun und seinen Vertrag mit dem Teufel aufkündigen. Über diese Gedanken erscheint sein Geist bei ihm, griff nach ihm, als ob er ihm den Kopf herumdrehen wolle und hielt ihm vor, was ihn dazu bewogen hatte, sich dem Teufel zu ergeben, nämlich sein frecher Mutwille. Zudem habe er sich verpflichtet, Gott und allen Menschen Feind zu sein, dem komme er jetzt nicht nach, wolle dem alten Gauner folgen. Einem Menschen oder Gott sich zu verbinden, dafür sei es schon zu spät, er gehöre dem Teufel, der die Macht habe, ihn zu holen, wie der es gerade befohlen habe, weshalb er hier sei, um ihm den Garaus zu machen, oder, er setze sich hin, um sich erneut mit seinem Blut zu verpflichten, sich von keinem Menschen mehr abmahnen und verführen zu lassen, und er müsse sofort erklären, ob er das tun wolle oder nicht. Wenn nicht, würde er ihn in Stücke zerrei0en. D. Faust, aufs Äußerste erschrocken, war erneut einverstanden, setzt sich hin und schreibt mit seinem Blut die Verpflichtung, welche nach seinem Tod in seinem Nachlaß gefunden wurde.

D. Fausts zweite Verpflichtung, die er seinem Geist übergeben hat.

Ich, D. Faust erkläre mit meiner eigenen Hand und Blut, daß ich meine erste diesbezügliche Urkunde und Verpflichtung bis in das 17. Jahr treu und fest eingehalten habe, Gott und allen Menschen Feind gewesen bin. Hiermit nehme ich keine Rücksicht auf Leib und Seele und verpflichte mich dem mächtigen Gott Luzifer, daß er nach Verlauf des 7. Jahres vom Zeitpunkt dieser Verpflichtung an mit mir schalten und walten kann. Daneben verspricht er mir, mein Leben zu verkürzen oder zu verlängern, sei es im Tod oder in der Hölle mich keinen Qualen auszusetzen. Ich wiederum verspreche, keinem Menschen mehr, egal, ob mit Abmahnungen, Belehrungen, Übungen, Unterweisungen oder Drohungen sei es im Wort Gottes, weltlichen oder geistlichen Sachen, insbesondere keinem geistlichen Lehrer zu gehorchen, noch seiner Lehre folgen werde. Das werde ich alles getreu und genau einhalten gemäß dieser, meiner Verpflichtung, welche ich zur Bekräftigung mit meinem eigenen Blut geschrieben habe Datum Wittenberg, etc.

Nach dieser abscheulichen und gottlosen Verpflichtung, ist er dem guten alten Mann so feindlich geworden, Daß er ihm nach dem Leben trachtete, aber dessen Gebete und christlicher Lebenswandel hat dem bösen Feind so zugesetzt, daß er ihm nichts anhaben konnte: Gleich zwei Tage später, als der fromme Mann zu Bett ging, hörte er im Haus einen gewaltigen Lärm, wie er ihn noch nie zuvor gehört hatte, da stürmte es in seine Kammer hinein und grunzte wie eine Sau und hörte nicht auf. Darauf fing der alte Mann an, den Geist zu verspotten, indem er sagte: " Oh, was für eine bäuerische Melodie ist das, welch schöner Gesang von einem Gespenst, wie ein Lobgesang von einem Engel, der nicht hat zwei Tage im Pradies weilen dürfen, sich in die Häuser anderer Leute verirrt hat und nicht in seiner Wohnung verbleiben durfte." Mit diesem Gespött hat er den Geist vertrieben. D. Faust fragte ihn, wie er mit dem Alten umgegangen wäre. Der gab zur Antwort, er hätte ihm nicht beikommen konnen; denn er sei geharnischt gewesen, womit er die Gebete meinte. Und er hätte ihn dazu noch verspottet, was die Geister oder Teufel nun gar nicht leiden könnten, vor allem, wenn man ihnen ihre Vergehen vorwirft. So schützt Gott alle frommen Christen, die an Gott glauben und sich ihm anvertrauen gegen den bösen Geist.

Von zwei Personen, die D. Faust verkuppelt in seinem laufenden 17. Jahr.

In Wittenberg lebte ein Student, ein stattlicher Mann von Adel, N. N.genannt, der hatte sein Auge und sein Herz an eine überaus schöne Frau geworfen, die auch aus gutem Adelsgeschlecht stammte. Sie hatte viele Werber, darunter auch einen jungen Freiherrn, die sie aber alle abwies, und der oben erwähnte Adlige hatte unter allen den letzten Platz bei ihr. Der aber kannte Faust gut, und hatte oft bei ihm gegessen und getrunken , dem setzte die Liebe zu der angebeteten Dame so zu, daß er zusehends verfiel und darüber krank wurde. Als D. Faust davon erfuhr, daß sein adliger Freund so schwer erkrankt sei, fragte er seinen Geist Mephistophiles, was mit ihm sei. Der nannte ihm alle Umstände und Ursachen. Darauf besuchte D. Faust den Edelmann und eröffnete ihm alle Einzelheiten seiner Krankheit, was den sehr verwunderte. D. Faust tröstete ihn, er solle sich nicht so sorgen, er wolle ihm helfen, daß diese Dame niemand anderen außer ihn erhören werde, was dann auch geschah; denn D. Faust verwirrte das Herz der Jungfrau so durch Zauberei, daß sie auf keinen anderen Mann oder jungen Burschen mehr achtete (obwohl sie doch so viele stattliche und reiche von Adel als Bewerber hatte. Kurz darauf befahl er diesem Edelmann, er solle sich festlich kleiden, dann würde er mit ihm zu der Jungfrau gehen, die in einem Garten mit anderen Jungfrauen säße, wenn man zu tanzen begönne, soll er mit ihr tanzen, und er gibt ihm einen Ring, den er an seinen Finger stecken, wenn er mit ihr tanze, wenn er sie dann mit dem Finger berühre, würde sie ihr Herz an ihn verlieren und an keinen anderen. Er dürfe ihr aber keinen Heiratsantrag machen, denn sie würde selbst ihn darum fragen. Dann nimmt er destilliertes Wasser und wäscht den Edelmann damit, der sofort ein überaus schönes Gesicht davon bekommt, und sie gehen miteinander in den Garten. Der Edelmann tut genau, wie ihm D. Faust befohlen hatte: Er tanzte mit der Jungfrau und berührte sie, die sofort in Liebe zu ihm entbrannte, die gute Jungfrau war von Cupidos Pfeilen getroffen, daß sie die ganze Nacht keine Ruhe im Bett fand, weil sie immer an ihn denken musste. Früh am Morgen sandte sie nach ihm, bot ihm ihr Herz und ihre

Liebe und begehrte ihn als Ehemann, der ihr aus inbrünstiger Liebe zustimmte. Schon bald fand die Hochzeit statt, was auch dem D, Faust großes Ansehen brachte.

Von mancherlei Pflanzen, die in Fausts Garten um die Weihnachtszeit wuchsen, in senem 19. Jahr.

Im Dezember um die Weihnachtszeit kamen viele Damen nach Wittenberg, so auch einige Kinder aus dem Adel zu ihren Geschwistern, die dort studierten um sie zu besuchen, die gut mit D. Faust bekannt waren, und er mehrmals zu Konsultationen von ihnen gerufen worden war. Um sich dafür erkenntlich zu zeigen, lud er diese Damen und ihre adligen Geschwister zu sich ein zu einem Dämmerschoppen. Als sie dann erschienen und draußen viel Schnee lag, da geschah in D. Fausts Garten ein herrliches und wundersames Schauspiel; denn es war in seinem Garten kein Schnee zu sehen, sondern wie im Sommer allerlei Pflanzen, auch grünes Gras mit schönen Blumen, auch Weinstöcke mit prachtvollen Trauben behängt, sowie rote, weiße und fleischfarbene Rosen und andere schöne und wohlduftende Blumen, so daß es eine Lust war, dies alles zu sehen und zu riechen.

Von einem versammelten Heer gegen den Freiherrn, dem D. Faust am Hof des Kaisers ein Hirschgeweih auf den Kopf gezaubert hatte, in seinem 19. Jahr.

D. Faust reiste nach Eisleben. Auf halbem Wege sieht er ungefähr sieben Pferde daher sprengen und erkannte dabei den Grafen, dem er, wie zuvor beschrieben, an des Kaisers Hof ein Hirschgeweih auf die Stirn gezaubert hatte. Auch der Herr erkannte D. Faust wieder, deshalb ließ er seine Knechte anhalten, was Faust auch bemerkte und sich auf eine Anhöhe zurückzog. Als der Freiherr das sah, ließ er gegen ihn anstürmen mit dem Befehl, tüchtig auf ihn zu schießen, weshalb sie um so mehr darauf drängten, ihn zu treffen. Sie konnten ihn aber auf einmal nicht mehr sehen, weil er sich unsichtbar gemacht hatte. Der Freiherr ließ auf der Anhöhe anhalten, hoffend er würde wieder auftauchen. Da hörten sie unten am Waldesrand ein gewaltiges Pfeifen mit Posaunen, Trompeten, Trommeln und Heerespauken blasen und schlagen, sie sahen auch mehrere hundert Pferde gegen sie stürmen, da gab er Fersengeld. Als er jetzt den Berg umrunden wollte, traf er auf eine Heresmacht, die auf ihn los wollte. Da wandte er sich zu einem anderen Weg, dort sah er aber viele berittene Soldaten, weshalb er wieder einen anderen Ausweg suchte. Aber auch da, wie zuvor, sah er sich erneut einer Schlachtordnung gegenüber, wie ihm das einmal oder fünfmal vorher passiert war, sooft er einen anderen Weg gesucht hatte. Da er jetzt sah, daß er nirgendwo hin konnte, ohne, daß man ihn angriff , rannte er mitten in das Heer hinein, gleich welche Gefahr ihm daraus erwachsen konnte, und fragte, warum man ihn nicht entkommen ließe und ihn überall angreife. Aber niemand wollte ihm antworten, bis endlich D. Faust zu ihm ritt, als der Freiherr gänzlich umzingelt war, und ihm vorhielt, er solle sich gefangen geben, andernfalls man mit ihm mit aller Strenge verfahren werde. Der Freiherr glaubte nichts anderes, als daß es eine reale Truppe oder ein gewöhnliches Kriegsunternehmen, dem er sich ausgesetzt sah, wo es doch nur ein Zauber des D. Faust war. Dann forderte D. Faust die Büchsen und Schwerter von ihnen, nahm ihnen die Pferde und gab ihnen dafür andere, gezauberte Pferde, Büchsen und Schwerter, und sagte zu dem Freiherrn: " Mein Herr. der Oberst in diesem Heer hat mir befohlen, Euch mitzuteilen, daß ihr diesmal ungeschoren weiterziehen könnt, obwohl ihr auf jemanden Jagd macht, der bei dem Obersten um Hilfe ersucht hat." Als dann der Freihherr in die Herberge kam, und seine Knechte die Pferde in die Tränke ritten, da verschwanden die Pferde alle, und die Knechte wären beinahe ertrunken, sie mussten zu Fuß heimgehen. Der Freiherr sah die Knechte daherkommen zu Fuß, die alle nass und besudelt waren. Als er den Grund erfuhr, schloss er sofort, daß es D. Fausts Zauberei war, wie er sie ihm vorher schon angetan hatte, und daß ihm dies alles zu Hohn und Spott geschehen wäre.

Von Dokt. Fausts Buhlschaften in seinem 19. vnd 20. Jahr.

Als Doktor Faust sah, daß die Jahre seines Vertrags sich von Tag zu Tag dem Ende näherten, begann er ein säuisches und die materiellen Freuden des Daseins unbedenklich genießendes Leben zu führen und bestellt sich sieben teuflische succubi, die er alle beschlief, und die alle unterschiedliche Gestalten hatten, aber so märchenhaft schön, daß es nicht zu beschreiben war. Dann ließ er sich von seinem Geist in viele Königreiche bringen, wo er sich alle schönen Frauen ansehen wollte, von denen er sieben auftrieb: Zwei Niederländerinnen, eine Ungarin, eine Engländerin, zwei Schwäbinnen und eine Französin, die alle außergewöhnliche Schönheiten ihrer Länder waren. Mit diesen teuflischen Weibern trieb er Unkeuschheit, bis an sein Ende.

Von einem Schatz, den D. Faust im Verlauf des 22. Jahres gefunden

Damit der Teufel seinem Erben, dem Faust, keinen Mangel leiden ließe, wies der Geist Mephistophiles D. Faust in eine alte Kapelle, die eingestürzt war, und bei Wittenberg, etwa eine halbe Meile Wegs gelegen: Dort gäbe es einen verschütteten Keller. Wenn D. Faust dort grübe, dann würde er da einen großen Schatz finden, dem folgte D. Faust getreulich, Als er dort ankam, fand er einen gräßlichen Drachen auf dem Schatz liegen, der Schatz leuchtete wie ein angezündetes Licht. D. Faust beschwor ihn, daß er in ein Loch kröche. Als er den Schatz ausgrub, fand er nichts als Kohlen darunter, hörte und sah daneben viele Gespenster. Also brachte D. Faust die Kohlen nach Haus, die sogleich in Silber und Gold verwandelt wurden, das, wie sein Famulus darüber berichtete, für etliche Tausend Gulden wert geschätzt worden ist.

Von der Helena aus Griechenland, die dem Faust beigewohnt hat in seinem letzten Jahr.

Um seiner Fleischeslust den gebührenden Platz einzuräumen, fiel dem elenden Faust zu Mitternacht, als er erwachte, im Laufe seines 23. Jahres die schöne Helena aus Griechenland ein, die er vor Jahren den Studenten am weißen Sonntag erweckt hatte. Deshalb verlangte er morgens von seinem Geist, er solle ihm die Helena zuführen, damit sie seine Geliebte würde, was auch geschah; und diese Helena war von ebenmäßiger Gestalt, wie er sie den Studenten gezeigt hatte, mit lieblichem und holdseligem Aussehen. Als D. Faust das sah, hat sie ihm sein Herz dermaßen verwirrt, daß er anfing, sie zu liebkosen und sie als seine Bettgenossin bei sich behielt, die er so lieb gewann, daß er nicht einen Augenblick von ihr lassen konnte. Sie wurde im letzten Jahr schwanger von ihm und gebar ihm einen Sohn, worüber und an dem er sich mächtig erfreute, und ihn Justus Faust nannte. Dieses Kind berichtete dem Faust vieles, was in Zukunft in allen Ländern geschehen würde. Als er dann aber später ums Leben kam, verschwanden zugleich mit ihm Mutter und Kind.

ES FOLGT JETZT; WAS DOKTOR FAUST IN SEINER LETZTEN JAHRESFRIST MIT SEINEM GEIST UND ANDEREN GEHANDELT, WELCHES DAS 24. UND LETZTE JAHR SEINES VERTRAGES WAR.

Von Dokt. Fausts Testament, in dem er seinen Diener Wagner zum Erben eingesetzt.

Dokt. Faust hatte in der Zeit seither bis in dieses 24. Jahr, und damit das letzte Jahr, seines Vertrages einen jungen Knaben aufgezogen, der in Wittenberg fleißig studierte, der alle Abenteuer, Zaubereien und teuflischen Künste seines Herrn sah, und sonst ein böser, verkommener Bube war, der anfangs zu Wittenberg von

Betteleien lebte, und keiner ihn wegen seiner schlechten Gewohnheiten aufnehmen wollte. Dieser Wagner wurde dann der Famulus des D. Faust, und hielt sich bei ihm so gut, daß ihn D. Faust später seinen Sohn nannte, er kam hin, wo er wollte und dort schlemmte und prasste er mit. Als jetzt die Zeit mit D. Faust ablief, rief der einen Notar zu sich, dazu einige Magister, die oft bei ihm gewesen waren, und vermachte seinem Diener das Haus mitsamt dem Garten, neben des Gansers und Veit Rodingers Haus gelegen, bei dem Eisernen Tor in der Schergasse an der Ringmauer. Außerdem vermachte er ihm 1600 Gulden Zinseinkünfte, einen Bauernhof, achthundert Gulden wert, sechshundert Gulden an barem Geld, eine goldene Kette, dreihundert Kronen wert, Silbergeschirr, das er von Höfen entwendet hat, insbesondere von des Papstes und des Sultans Hof, ca. 1000 Gulden wert. Sonst gab es nicht viel an Hausrat, da er nicht viel daheim gewesen war, sondern in Wirtshäusern und bei Studenten Tag und Nacht gefressen und gesoffen. So also wurde sein Testament errichtet und beglaubigt.

Doktor Faust bespricht das Testament mit seinem Diener.

Als das Testament errichtet war , rief er seinen Diener zu sich und erklärte ihm, wie er ihn in seinem Testament bedacht hätte, da er sich zeitlebens anständig gehalten und seine, Fausts, Geheimnisse nicht offenbart habe. Deswegen könne er von ihm noch zusätzlich etwas erbitten, was er ihm gewähren würde. Da begehrte der Famulus seine Kunst. Darauf ihm Faust antwortete: " Meine Bücher betreffend, sind dir diese soeben vermacht worden, du darfst sie jedoch nicht weiter reichen, sondern sollst allein deinen Nutzen daraus ziehen und fleißig in ihnen studieren. Zu deinem Begehren nach meiner Kunst, die wird dir zuteil, wenn du meine Bücher liebst, dich an niemanden wendest, sondern nur ihnen vertraust. Weiter: Da mein Geist Mephistophiles mir weiterhin keinen Dienst mehr schuldet, kann ich ihn dir nicht vererben, aber ich will dir einen anderen Geist, wenn du es wünschest, beistellen." Am dritten Tag danach rief er seinen Famulus erneut zu sich und fragte ihn, ob er noch wünsche, einen Geist für sich zu haben und in welcher Gestalt er ihm erscheinen solle. Er antwortete: " Mein Herr und Vater, in Gestalt eines Affen, in Größe und Form." Da erschien ein Geist in Gestalt und Aussehen eines Affen, der in die Stube sprang. D. Faust sagte: " Sieh her, hier ist er. Doch er wird dir erst zu Willen werden nach meinem Tode und wenn mein Geist Mephistophiles mich verlassen hat, und sofern du ein Versprechen leistest, das ich dir abnehme, du sollst ihn Auerhahn nennen; denn so heißt er. Ferner sollst du über meine Kunst, Taten und was ich getrieben habe nichts offenbaren, bevor ich tot bin, dann aber sollst du alles aufschreiben und in eine Geschichte umformen, wobei dir der Geist Auerhahn helfen wird; wenn du etwas vergessen hast, wird er es dir in die Erinnerung bringen; denn man wird diese meine Geschichte von dir haben wollen."

Wie sich D. Faust zu der Zeit, als er nur noch einen Monat vor sich hatte, so verzweifelt gebärdete, stetig jammerte und klagte über sein teuflisches Wesen.

Dem Faust zerrann die Zeit wie in einer Sanduhr, er hatte nur noch einen Monat, dann war das 24. Jahr zu Ende, in welchem er sich dem Teufel verschrieben hatte mit Leib und Seele, wie eingangs berichtet wurde. Da wurde Faust verzagt,und es ging ihm wie einem gefangenen Mörder oder Räuber, dem das Urteil im Gefängnis zugestellt und der Todesstrafe gewärtig sein musste. Dann wurde er ängstlich, weinte und redete immer mit sich selbst, fantasierte, ächzte und seufzte, magerte ab und ließ sich fortan selten oder gar nicht mehr sehen und wollte auch seinen Geist nicht mehr bei sich dulden.

Doktor Fausts Klagen, daß er bei noch guter Gesundheit und jungen Jahren sterben müßte-

Die Traurigkeit ergriff D. Faust so, daß er seine Wehklagen aufschrieb, um sie nicht zu vergessen. Und dies ist eine seiner aufgezeichneten Klagen:

Ach Faust, du verwegenes und unwürdiges Herz, der du deine Gesellschaft mit verführtest in die Verdammung zum Feuer, obwohl du die Seligkeit hättest haben können, die du jetzt verloren hast. Ach Vernunft und freier Wille, was mutest du meinen Gliedern zu, wo nichts anderes zu befürchten ist, als der Verlust des Lebens. Ach ihr Glieder und du noch gesunder Körper, Verstand und Seele klagt mich an; denn ich hätte es in der Hand gehabt, meine Wiedergutmachung an euch zu befriedigen. Ach, Liebe und Hass, warum seid ihr gleichzeitig bei mir eingezogen, nachdem ich euretwegen solche Qualen erleiden muss, Ach Barmherzigkeit und Rache, warum habt ihr mir diesen Lohn und Schmach zugeteilt? Oh, Abscheu und Mitleiden, bin ich deshalb Mensch geworden, die Strafe, die ich bereitet sehe, aus mir selbst zu erdulden? Ach, ich Armer, gibt es irgendeinen auf der Welt, der mich nicht verachtet?

Weitere Klagen D. Fausts.

Ach, ach, ach, ich unglücklicher Mensch, oh, du verzweifelter, unseliger Faust, du gehörst zu der Schar der Verworfenen, weil ich den übermächtigen Schmerzen des Todes entgegen sehen muss, ja, einen viel erbärmlicheren, als es jemals eine schmerzempfindende Kreatur erduldet hat. Ach, ach, Verstand, Mutwille, Vermessenheit und freier Wille, oh du verfluchtes und unbeständiges Leben. Oh, du blinder, unvorsichtiger, der du deinen Körper, Leib und Seele so blind machtest, wie du jetzt bist. Oh, zeitweilige Wollust, in welche Mühseligkeiten hast du mich geführt, daß du mir die Augen so verblendet und verdunkelt hast. Ach, mein schwaches Gemüt, du meine betrübte Seele, wo sind deine Erkenntnisse? Oh, erbärmliche

Mühseligkeit, oh, verzweifelte Hoffnung, an die niemand mehr denkt. Ach Leid über Leid, Jammer über Jammer, Ach und Wehe, wer wird mich erlösen? Wo soll ich mich verbergen? Wohin soll ich mich verkriechen oder fliehen? Wo ich auch sei, ich bin gefangen, Darüber bekümmerte sich der arme Faust so, daß er stumm wurde.

Wie der böse Geist dem betrübten Faust mit seltsamen, spöttischen Scherzen und Sprichwörtern zusetzt.

Auf diese oben gehörte Wehklagen erschien Faust sein Geist Mephistophiles, trat zu ihm und sagte: " Obwohl du aus der heiligen Schrift wohl gewusst hast, daß du Gott allein anbeten, ihm dienen, und keine anderen Götter, weder zur Linken noch zur Rechten, neben ihm haben sollst, hast du das aber nicht gehalten, sondern deinen Gott versucht, ihn verleugnet, bist von ihm abgefallen und dich mit Leib und Seele uns verschrieben, so musst du jetzt auch dein Versprechen einhalten und diese Reime anhören:

Weißt du was, so schweig,
Ist dir wohl, so bleib.
Hast du was, so behalt,
Unglück kommt bald.
Drum schweig, leide, meide und ertrage,
Dein Unglück keinem Menschen klage.
Es ist zu spät, an Gott verzage,
Dein Unglück kommt herein alle Tage.

Drum , mein Faust, ist nicht gut mit großen Herren und dem Teufel Kirschen essen, sie werfen dir die Stiele an den Kopf, wie du jetzt siehst, deshalb wärest du besser weit weg gegangen, hättest dich aus der Schusslinie gebracht, dein hoffährtig Rößlein aber hat dir einen Streich gespielt, du hast die dir von Gott gegebenen Gaben verachtet, dich mit ihnen nicht begnügt, sondern den Teufel zu Gast geladen, und hast die 24 Jahre über geglaubt, es wäre alles Gold, was glänzt, was der Geist dir berichtete, damit hat der Teufel dich zum Narren gehalten. Siehe, du warst eine schön erschaffene Kreatur, aber die Rosen, die man lange in den Händen hält, und daran riecht, die überdauern nicht. Wessen Brot du gegessen, dessen Lied musst du singen. Warte auf den Karfreitag, dann ist bald Ostern. Nichts geschieht ohne Grund. Eine gebratene Wurst hat zwei Enden. Auf des Teufels Eis ist nicht gut gehen. Du warst böse, also haben sich zu dir die Bösen gesellt, so. wie die Katze das Mausen nicht läßt. Scharfes Vorgehen macht schartig. Wenn ein Löffel neu ist, braucht ihn der Koch. Danach, wenn er alt wird, rührt er Unrat damit, dann löffle das mit ihm aus. Ist es nicht mit dir genau so? Als du ein neuer Kochlöffel des Teufels warst, jetzt nutzt er dir nicht mehr; denn der Markt hätte dich lehren sollen zu kaufen. Aber du hast dich mit dem kleinen Vorrat nicht begnügt, den Gott dir beschert hat. Vielmehr, mein Faust, was hast du für einen großen Übermut gebraucht, in allem deinen Tun und Wandeln hast du dich einen Freund des Teufels genannt, deshalb rüste dich jetzt; denn Gott ist der HERR, der Teufel ist nur Abt oder Mönch. Hoffahrt tut niemals gut. Du wolltest Hans Dampf in allen Gassen sein, aber Narren soll man mit Keulen entlausen. Wer zu viel haben will, der bekommt wenig. So wie man kegelt, muss man die Kegel aufstellen. So nimm dir meine Lehre zu Herzen, obwohl sie sicher vergeblich ist: Du hättest dem Teufel nicht so leicht trauen sollen, da er Gottes Affe und ein Lügner und Mörder ist; darum hättest du klüger gewesen sein sollen. Scherz bringt Schaden; denn um einen Menschen ist es schnell geschehen und es kostet so viel, ihn zu erziehen, den Teufel zu beherbergen, braucht es einen klugen Wirt. Es gehört mehr zu einem Tanz, als ein Paar roter Schuhe. Hättest du Gott im Sinn gehabt, und dich mit den Gaben begnügt, die er dir verliehen hat, brauchtest du diesen Reigen nicht zu tanzen und solltest dem Teufel nicht so leicht zu Willen geworden sein und geglaubt haben; denn wer leicht glaubt, wird schnell betrogen. Jetzt wischt sich der Teufel das Maul und geht schnell davon. Du hast dich mit deinem eigenen Blut verbürgt, dafür soll man Bürgen erwürgen, das hast du dir zu einem Ohr hineingehen lassen und zum anderen wieder hinaus. Als der Geist Faust jetzt genug verhöhnt hatte, verschwand er wieder, Faust allein in tiefer Melancholie und Verwirrung zurück lassend.

Doktor Fausts Wehklagen über die Hölle und ihrer unsagbaren Pein und Qual.

Oh, ich armer Verdammter, warum bin ich nicht ein Tier, das ohne Seele stirbt, um nichts weiter befürchten zu müssen. Jetzt gehört dem Teufel mein Leib und meine Seele und er setzt mich in die unsagbare Finsternis der Qualen, denn obgleich die Seelen auch offen sind für Schönheit und Freude, so muss ich Armer mit den Verdammten leiden unter unerforschlichen Gräueln, Gestank, Behinderungen, Schande, Zittern, Zagen, Schmerzen, Trübsal, Heulen, Weinen und Zähneklappern. Auch sind alle Geschöpfe und Kreaturen Gottes gegen uns, und wir müssen die Verachtung der Heiligen ertragen. Ich kann mich noch erinnern, als ich früher den Geist nach der Verdammnis gefragt habe, daß er mir sagte, es gäbe große Unterschiede unter den Verdammten, denn die Sünden seien verschieden. Und daß auch Spreu, Holz und Eisen von dem Höllenfeuer verbrannt würde, aber eines leichter und schneller als ein anderes, so auch die Verdammten in der Höllenglut. Ach du ewige Verdammnis, wie du, vom Zorn Gottes entzündet, Feuer und Hitze bist und in Ewigkeit keines Schürens bedarf. Ach, welcher Trauer, Trübsal und Schmerzen muss man da gewärtig sein, mit weinenden Augen, Knirschen der Zähne, Gestank in der Nase, Gejammer, Gebrüll in den Ohren, Zittern der Hände und Füße. Ach, ich wollte gern auf den Himmel verzichten, wenn ich nur der ewigen Strafe entfliehen könnte. Ach, wer wird mich aus dem unaussprechlichen Feuer der Verdammnis erretten? Wo es keine Hilfe geben wird, und wo kein Beweinen der Sünden nützen wird, wo weder Tag noch Nacht Ruhe ist, wer kann mich Elenden erretten? Wo ist meine Zuflucht? Wo sind meine Hilfe, Schutz und Bleibe? Wo ist meine feste Burg? Womit kann ich mich trösten? Mit den Seligen Gottes nicht; denn ich schäme mich, sie anzurufen, ich würde keine Antwort erhalten, sondern ich muss mich vor ihnen verbergen, daß ich die Freude der Auserwählten nicht sehen kann. Ach, was klage ich, da es doch keine Hilfe gibt? Wo ich doch keinen Trost auf die Klagen weiß? Amen, Amen, ich hab's ja so gewollt, jetzt muss ich auch den Spott zum Schaden ertragen.

Es folgt nun der Bericht von D. Fausts schrecklichem und grausamem Ende, jedem Christen zur Warnung, sich davor zu hüten..

Die 24 Jahre des Doktor Faust waren abgelaufen, und eben in diesen Wochen erschien sein Geist, übergibt ihm seine geschriebenen Verträge und erklärt ihm, daß ihn der Teufel in der kommenden Nacht holen würde, darauf sollte er sich einstellen. Doktor Faust klagte und weinte die ganze Nacht, so daß der Geist ihm wieder erschien und sagte: " Mein Faust, sei doch nicht so kleinmütig, wenn du auch schon dein Leben verlierst, so wird es doch noch lange dauern, bis über dich Gericht gehalten wird. Am Schluss musst du doch sterben, selbst, wenn du viele hundert Jahre lebtest. Müssen doch die türkischen, jüdischen und andere unchristlichen Kaiser auch sterben und in ,gleicher Verdammnis sein du weißt nicht, was dir bestimmt ist, sei beherzt und verzage nicht völlig, hat dir doch der Teufel verheißen, er wolle dir einen stählernen Leib und Seele geben, und daß du nicht leiden müsstest, wie andere Verdammte. Solchen und noch mehr falschen Trost spendete er ihm, entgegen der heiligen Schrift. Doktor Faust, der nichts anderes wusste, als daß er die Verträge und Verpflichtungen mit seiner Haut bezahlen müsste, geht an dem Tag, den ihm der Geist angekündigt hat, daß ihn der Teufel holen würde, zu seinen vertrauten Gesellen, Magistern, Bachelors und anderen Studenten mehr, die ihn zuvor oft besucht hatten, die bittet er, daß sie mit ihm in das Dorf Rimlich, eine halbe Meile wegs von Wittenberg gelegen, spazieren und dort mit ihm speisen sollten, was sie ihm auch zusagten. Sie gehen also miteinander dort hin und essen ein Frühstück mit vielen Köstlichkeiten und Wein, die ihnen der Wirt auftrug. D. Faust war mit ihnen fröhlich, doch nicht aus vollem Herzen. Er bittet sie weiter, sie möchten bei ihm bleiben und zur Nacht mit ihm essen und dann auch die Nacht vollends bei ihm zu bleiben. Er müsse ihnen etwas Wichtiges sagen, was sie ihm auch zusagten, und nahmen die Mahlzeit ein. Als sie den Schlaftrunk vollendet hatten, bezahlte D. Faust den Wirt und bat die Gesellschaft, sie möchten mit ihm in einen anderen Raum gehen, er wolle ihnen etwas sagen. Dort sagte er zu ihnen:

Rede Fausts an die Studenten.

Meine lieben Vertrauten und sehr gewogene Herren. Warum ich euch gerufen habe, ist, daß euch seit vielen Jahren von mir bekannt ist, was ich für ein Mann war, in vielen Künsten und Zauberei unterrichtet, welche aber von keinem anderen, als vom Teufel stammt, zu welcher teuflischer Lust mich auch niemand gebracht, als die böse Gesellschaft, die mit solchen Stücken umgehen, danach mein unwürdiges Fleisch und Blut, mein halsstarriger und gottloser Wille und fliegende, teuflische Gedanken, die ich mir vorgenommen habe, bewirkten, daß ich mich dem Teufel verschrieben habe, nämlich für 24 Jahre meinen Leib und meine Seele. Jetzt sind diese Jahre in dieser Nacht zu Ende und ich sehe das Stundenglas vor meinen Augen, daß ich gewärtig seines Auslaufens sein muss, und er mich diese Nacht holen wird, weil ich ihm Leib und Seele zweimal teuer mit meinem eigenen Blut versprochen habe, daher habe ich euch, freundliche, mir gut gewogene liebe Herren, vor meinem Ende zu einem Abschiedstrunk geladen, und euch mein Hinscheiden nicht verbergen wollen. Ich bitte euch, geneigte liebe Brüder und Herren, alle Meinigen und die meiner im Guten gedenken, mir zuliebe brüderlich und freundlich zu grüßen, darüber hinaus, mir nichts für übel anzurechnen und wenn ich euch jemals beleidigt habe, mir das herzlich zu verzeihen. Was aber die Abenteuer betrifft, die ich in den 24 Jahren erlebt und bestanden habe, das werdet ihr alles später aufgeschrieben finden, und lasst euch mein grausames Ende euer Lebtag eine Mahnung und Erinnerung sein, daß ihr stets Gott vor Augen habt, ihn bittet, euch vor des Teufels Betrug und Listen behüten und nicht in Versuchung führen möge, sondern euch zu ihm bekennen und nicht von ihm abfallen, wie ich gottloser und verdammter Mensch , der ich verachtet und mich abgewandt habe von der Taufe, den Sakramenten Christi, Gott selbst und allen Engeln und dem Menschen einen solchen Gott, der nicht will, daß einer sollt verloren gehen. Lasst euch auch von schlechter Gesellschaft nicht verführen, wie es mir geht und begegnet ist. Besucht fleißig und emsig die Kirchen, streitet und siegt zu jeder Zeit wider den Teufel, im festen Glauben an Christus und auf gottseligen Wandel gerichtet.

Endlich und zum Bechluss bitte ich euch freundlich, euch zu Bett zu begeben und ruhig zu schlafen und euch nicht beunruhigen lassen, solltet ihr Gepolter und Lärm im Hause hören, darüber müßt ihr nicht erschrecken, es wird euch kein Leid geschehen, ihr braucht auch nicht aufzustehen und wenn ihr meinen Leib tot vorfindet, lasst ihn zur Erde bestatten; denn ich sterbe als ein böser und guter Christ; ein guter Christ deshalb, weil ich eine tiefe Reue empfinde und im Herzen immer um Gnade bitte, damit meine Seele errettet werden könnte. Ein böser Christ, weil ich weiß, daß der Teufel den Leib haben will, den ich ihm gerne geben will, wenn er nur mein Seele zu Frieden läßt. Jetzt bitte ich euch, ihr möchtet euch zu Bette verfügen und wünsche euch gute Nacht, mir aber eine ärgerliche, böse und erschreckliche. Diese Erklärung und Darstellung gab Doktor Faut ruhig und selbstsicher, um seine Gesellen nicht zu erschrecken, kleinmütig und verzagt zu machen. Die Studenten wunderten sich auf das Höchste, daß er so verwegen gewesen war, sich nur wegen Streichen, Vorwitz und Zauberei in eine derartige Gefahr für Leib und Seele begeben hatte, das tat ihnen außerordentlich leid, denn sie hatten ihn lieb und sagten: " Ach, Herr Faust, was habt Ihr Euch angetan, daß Ihr so lange still geschwiegen habt, und uns nicht eingeweiht habt, wir hätten Euch mit Hilfe gelehrter Theologen aus dem Netz des Teufels gerettet und heraus gebracht. Jetzt aber ist es zu spät für Euren Leib und Seele." Doktor Faust antwortete, das hätte er nicht tun dürfen, obwohl er manchesmal beabsichtigt habe, sich an gottesfürchtige Leute zu wenden, um Rat und Hilfe zu suchen. Wie ihn auch sein Nachbar darum angesprochen habe, seiner Lehre zu folgen, von der Zauberei zu lassen und sich zu bekehren. Als er dazu schon bereit gewesen sei, kam der Teufel und wollte ihn holen, wie er es diese Nacht tun würde. Und er sagte, sobald ich die Bekehrung zu Gott annehmen würde, wolle er mir den Garaus machen. Als sie das verstanden hatten, sagten sie zu ihm: Weil jetzt nichts anderes zu erwarten sei, solle er Gott anrufen, ihn um Verzeihung bitten um Jesu Christi willen und sagen: " Ach Gott, sei mir armem Sünder gnädig und gehe nicht mit mir ins Gericht; denn ich kann vor dir nicht bestehen. Obgleich ich dem Teufel den Leib lassen muss, so kannst du doch bewirken, daß meine Seele erhalten bleibt." Das sagte er ihnen zu, er wolle beten, es sollte ihm aber nicht ergehen, wie dem Kain, der auch sagte: Seine Sünden wären größer, als daß sie ihm verziehen werden könnten. So dachte er immerzu, er hätte es mit seiner Verschreibung doch wohl zu weit getrieben. Die Studenten und guten Herren, als sie Faust gesegnet hatten, weinten sie und nahmen einander in die Arme. D. Faust blieb in der Stube, als die Herren sich zu Bett begaben, keiner konnte aber richtig Schlaf finden, weil sie den Ausgang hören wollten. Es geschah zwischen zwölf und ein Uhr in der Nacht, daß ein großer, ungeheurer Sturm das Haus umtoste, als ob alles zu Grunde gehen, und das Haus dem Erdboden gleichmachen wollte; da hielten es die Studenten in den Betten nicht mehr aus und fingen an, einander zu trösten Der Wirt lief aus dem Haus in ein anderes Haus. Die Studenten lagen nahe der Stube, in der D. Faust war, sie hörten ein gräuliches Pfeifen und Zischen, als ob das Haus voller Schlangen, Nattern und anderen giftigen Gewürms wäre. Indem öffnet sich die Tür zu D. Fausts Stube, und er begann Zeter und Mordio und um Hilfe zu schreien, aber mit kaum halber Stimme. Bald danach hörte man ihn nicht mehr. Als es Tag wurde und die Studenten die ganze Nacht keinen Schlaf gefunden hatten, sind sie in die Stube gegangen, in der D. Faust gewesen war, aber sie sahen ihn nicht mehr und nichts, als die Stube voller Blut gespritzt. Das Hirn klebte an der Wand, weil ihn der Teufel von einer Wand an die andere geworfen hatte, es lagen auch seine Augen und etliche Zähne da, ein gräulicher und schrecklicher Anblick. Da fingen die Studenten an, ihn zu beklagen und zu beweinen, und suchten ihn überall. Letztlich aber fanden sie seinen Leib draußen bei dem Mist liegen, welcher furchtbar anzusehen war, da ihm der Kopf und alle Glieder schlotterten. Diese genannten Magister und Studenten, die bei des Fausts

Tod in dem Haus waren, haben soviel erreicht, daß man ihn in diesem Dorf begraben hat, danach sind sie wieder zurück nach Wittenberg und in D. Fausts Haus gegangen, wo sie seinen Famulus, den Wagner, antrafen, der sich wegen seines Herrn sehr schlecht fühlte. Sie fanden auch die von ihm aufgeschriebene Geschichte, von ihm aufgezeichnet, wie vorher vermeldet, allerdings ohne sein Ende, welches von den Studenten und Magistern hinzu gefügt wurde, zu dem, was der Famulus geschrieben hatte, so daß ein neue Buch daraus entstand. Zugleich eben am selben Tag ist die verzauberte Helena samt ihrem Sohn nicht mehr vorhanden gewesen, sondern verschwunden. In seinem Haus war es von da an auch so unheimlich, daß niemand darin wohnen wollte. D. Faust erschien auch seinem Famulus leibhaftig in der Nacht und offenbarte ihm viele Geheimnisse. So hat man ihn ja auch in der Nacht zum Fenster hinaus gucken sehen, wer da vorüber ginge.

So endete also die ganze wahre Geschichte und Zauberei des Doktor Faust, woraus jeder Christ lernen kann, insbesondere aber die eines hoffährtigen, stolzen, vorwitzigen und trotzigen Sinnes und Kopfes, Gott zu fürchten, Zauberei, Versuchung und anderes Teufelswerk zu fliehen, weil Gott es ernstlich verboten hat, und den Teufel nie zu Gast zu laden, noch ihn gewähren zu lassen, wie Faust es getan hat. Denn hier wurde uns ein schreckliches Beispiel seines Vertrages und Endes vorgestellt, auf solches zu verzichten und Gott allein zu lieben und vor Augen zu haben, ihm allein zu dienen, ihn anzubeten und zu lieben von ganzem Herzen und ganzer Seele, und mit allen Kräften, und dem Teufel, mitsamt seinem Anhang abzuschwören und mit Christus schließlich selig zu werden.Amen, Amen. Das wünsche ich einem jeden von ganzem Herzen. AMEN:

I. Pet. V.

Seid nüchtern und wachet, denn euer Widersacher der Teufel geht umher wie ein brüllender Löwe, und suchet, welchen er verschlinge. Dem widerstehet fest im Glauben.

Hier endet der Druck des Faustbuches von 1587.

ZUSATZKAPITEL DER WOLFENBÜTTELER HANDSCHRIFT:

Von einer Prophezeihung oder Weissagung des Doktor Faust über das Ende des Papsttums.

In seinem 24. Jahr des Vertrages wurde er zu dem Bischof und Kardinal nach Salzburg gerufen, dem er öfter in Gesundheitstragen erfolgreich beraten hatte. Der Bischof hielt viel von Doktor Faust, insbesondere, weil seine Horoskope sich als zutreffend erwiesen hatten. Daher begehrte er eben in dem Jahr, da das Ende des D. Faust nahte, eine Weissagung darüber, was sich im Papsttum in den nächsten zwanzig bis dreißig Jahren zutragen würde. Darauf gab Doktor Faust die folgende kurz gefasste Antwort dem Bischof:

- Der Papst räumt sein Apostelamt als ein falscher Apostel; aber seine Macht wird je länger umso größer; denn er verbündet sich mit großen Herren, wie 0Kaiser, Königen und Potentaten, die ihn beschützen.
- Er wird in einigen Jahren die bourbonischen Lilien in Frankreich verführen durch eine Florentinerin[60] und großen Jammer und Blutvergießen anrichten.
- Er steigt auf zu einem gewltigen und weltlichen Herrn, legt den Apostelstab zur Seite und nimmt das Schwert in die Hand, wodurch das römische Reich deutscher Nation und der Kaiser geschwächt werden.
- Er wird neue Gesetze erlassen; und da er also ein geistliches und weltliches Oberhaupt sein wird, werden es seine Bischöfe auch sein und sich benehmen; denn sie werden damit glücklich sein, solange er in seinem Papsttum so mit seinen Kardinälen und Bischöfen in Saus und Braus lebt.

---

[60] Katharina von Medici (1519 -1589) verantwortlich für die <Bartholomäusnacht>

- Oh, Deutschland, Deine Krone ist dir genommen; denn der Papst beansprucht die Oberherrschaft über die kaiserliche Macht: Er fliegt höher, als der Adler. Lebt also ihm zu Gefallen; denn dieser Herr ist ein Fuchs und macht euch zum Narren.
- Da der Papst jetzt ein weltlicher Herrscher ist, Geld und Gut im Überfluss hat, wird er in Frankreich viel Jammer und Blutvergießen anstiften und viele hohe Potentaten mit seinem Geld töten lassen.
- Du, Deutschland , kannst aber wieder frohlocken; denn er hat Geld und Gut an sich gebracht, dagegen wirst du seinen Betrug mit dem falschen Glauben erkennen und in Deutschland das Wahre Evangelium bekämpfen, zu dem sich die deutschen Fürsten bekehren und dem Papst einen großen Schlag versetzen .
- Indem er sich dann nicht mehr mit der Heiligen Schrift verteidigen kann, greift er doch zu den Büchern, die er vorn und hinten mit Neuem versieht, wodurch auch Ungarn, Polen, Frankreich. England und die Niederlande viel Unglück und Blutvergießen erleiden werden.
- Das Papsttum steht damit auf drei Säulen: Seiner Lehre, dem Schwert und seinem Geld und Gut: Aber das eine wird er behalten und zwei verlieren, wie Abfall von der Lehre und Einzug des Rechten Evangeliums. Aber als einen weltlichen Herrn wird man ihn dulden.

Von einem, der in der Türkei gefangen gehalten wurde, seine Frau sich verheiraten wollte, was Doktor Faust ihm mitteilte und auf seine Art erledigte.

Ein angesehener adliger Bürger, Johann Werner von Reutbuffel zu Bennlingen, der mit D. Faust in die Schule gegangen war, ein gebildeter Mann, hatte sich mit einer Sabina von Kettheim verheiratet, einer überaus schönen Frau, wurde nach sechsjähriger Ehe mit einem Schlaftrunk verführt, sich einem Kreuzzug in die Türkei und das Heilige Land anzuschließen, welcher Verpflichtung er auch nachkam und viele Völker und Länder sah, aber auch viel erdulden musste. Er war fünf Jahre verschollen und es ging das Gerücht, er sei tot. Die Frau trauerte drei Jahre um ihn und hatte derweil viele Bewerber, darunter einen jungen Herrn von Adel, den sie erhören wollte. Als jetzt die Zeit nahte, die Hochzeit vorzubreiten und Doktor Faust auch davon erfuhr, beauftragte er seinen Geist Mephistophiles, zu erkunden, ob dieser Reutbuffel noch am Leben sei. Der Geist gab die Antwort, der sei noch am Leben und in Ägypten in einer Stadt Lilopolis gefangen, als er die Stadt Kairo ansehen wollte. Das schmerzte Faust sehr, denn er mochte ihn sehr und war traurig darüber, daß sich die Frau wieder verheiraten wollte, wo doch der Mann sie so geliebt hatte. Inzwischen war die Zeit gekommen für die Brautnacht der Kattheim, Doktor Faust sah in seinen Spiegel, in welchem er alles sehen konnte und zeigt dem Reutbuffel in seinem Gefängnis, wie sich seine Frau erneut verheiraten will, worüber der zutiefst erschrak. Als der Edelmann sich auszog, da trieb der Geist sein Spiel; denn als er zu ihr ins Bett hüpfte, die Liebe zu genießen und sie die Hemden auszogen und sich aneinander schmiegten, da war nichts mehr möglich. Als die gute Frau sah, daß er es nicht möglich machte, griff sie selbst nach dem Patron und wollte ihm auf die Sprünge helfen, aber sie konnte auch nichts ausrichten.

Alles Streicheln, Drücken und Kuscheln blieb ohne Erfolg, so daß die Frau an ihren vorigen Mann dachte, den sie tot wähnte, wie der sie hatte beglücken können. Genau in diesem Augenblick befreite D. Faust den Edelmann und brachte ihn im Schlaf in sein Schloss.

Als jetzt die gute Frau ihren Junker sah, fiel sie ihm zu Füßen und bat um Verzeihung, und berichtete auch, daß der andere Mann nichts hätte ausrichten können, so daß er erkannte, daß die Berichte des Doktor Faust auf Wahrheit beruhten, er nahm seine Frau in Gnaden und freudig wieder auf. Der gute Geselle aber stellte fest, daß er keinen körperlichen Schaden genommen hatte und ritt davon, er wollte sich nicht mehr sehen lassen: Er ist im Krieg umgekommen. Der andere aber war nicht frei von Eifersucht und musste von seiner Frau hören, auch, wenn er es nicht gemerkt hätte, habe sie dennoch bei ihm geschlafen.

DIE ERFURTER ZUSATZPAPITEL

Doktor Faust schenkt den Studenten
zu Leipzig ein Fass Wein.

Eine Anzahl fremder Studenten aus Ungarn, Polen, Kärnten und Österreich, die in Wittenberg viel Umgang mit Dokt. Faust hatten, baten ihn, als die Leipziger Messe begann, er solle mit ihnen diese besuchen, damit sie sehen könnten, welche Gewerbe dort vertreten seien und was für Handelsleute da zusammen kämen; einige hofften auch dort zu Geld zu kommen. D. Faust willigte ein, ihnen Gesllschaft zu leisten. Als sie nun in Leipzig spazieren gingen, die Stadt, die Universität und die Messe besichtigten, kamen sie zufällig an einem Weinkeller vorüber, wo einige Schröter[61] ein großes Weinfass von ca. 16 oder 18 Eimern aus dem Keller verladen wollten; sie konnten es aber nicht heraus bringen. Das sah D. Faust und sagte: "Wie stellt ihr euch doch tölpelhaft an! Und ihr seid so viele und schafft es nicht. Wo doch einer allein dieses Fass herausbringen könnte, wenn er es nur geschickt anfangen würde." Die Schröter wurden böse über diese Rede und stießen Verwünschungen aus und Schimpfworte, da sie ihn nicht kannten, wie solches Gesindel nun einmal zu tun pflegt. Als aber der Kellerbesitzer mitbekam, worum der Streit ging, sagte er zu Faust und seinen Gesellen: " Wohlan! Wer von euch dieses Fass allein herausschafft, dem soll es gehören." Faust, nicht faul, ging sofort in den Keller, setzte sich auf das Fass, wie auf ein Pferd und ritt es hurtig aus dem Keller. worüber alle sehr erstaunten. Da erschrak der Kellerbesitzer, weil er so etwas nicht für möglich gehalten hatte, musste aber seine Zusage einhalten und Faust das Fass voll Wein überlassen. Der übereignete es seinen Gesellen, die luden andere gute Freunde dazu und hatten einige Tage lang einen guten Schluck zu trinken und wussten vom Glück in Leipzig zu berichten.

---

[61] Schröter] Knechte, die Wein- oder Bierfässer verladen = schroten.

Wie Dokt. Faust zu Erfurt Homer gelesen und die griechischen Helden seinen Zuhörern gezeigt und vorgestellt hat.

D. Faust verweilte viele Jahre in Erfurt und in der Universität daselbst Vorlesungen gehalten und manches Abenteuer in dieser Stadt inszeniert, wie noch etliche noch lebende Personen, die ihn gut gekannt, solche Abenteuer von ihm gesehen und mit ihm gegessen und getrunken haben. Als er einmal seinen Hörern den vortrefflichen, griechischen Poeten Homer zum Gegenstand seiner Vorlesung gemacht hatte, der unter anderen Historien auch den zehnjährigen Krieg vor Troja, der sich der schönen Helena wegen unter den griechischen Fürsten erhoben hatte, beschreibt,, und da vielmals der tapferen Helden Menelaos, Achilles, Hector, Priamos, Alexander, Ulysses, Ajax, Agamemnons und anderer gedacht wird, hat er derselben Personen Gestalt und Aussehen dermaßen beschrieben, daß sie ein großes Verlangen bekamen und oft wünschten, wenn es ihr Präzeptor zuwege bringen könnte, dieselben zu sehen und ihn darum mit Bitten bedrängten. Faust hat eingewilligt und ihnen zugesagt, ihnen in der nächsten Lektion alle, die sie zu sehen wünschten, vor Augen zu führen, weswegen ein gewaltiger Zulauf und Gedränge von Studenten entstand. Wie denn die Jugend allezeit mehr auf Blendwerk und Gaukelei, als zu dem Guten Lust und Zuneigung hat.Als jetzt die Stunde gekommen war, in der D. Faust mit seiner Lektion fortfahren sollte, und er sah, daß wegen seines gemachten Versprechens mehr Zuhörer vorhanden waren, als sonst, hat er ziemlich mitten in der Lektion angefangen und gesagt: "Ihr lieben Studenten, weil es euch gelüstet, die berühmten griechischen Kriegsfürsten, welcher der Poet hier neben anderen Schriftstellern gedenkt, in der Gestalt, wie sie damals aufgetreten sind, anzuschauen, so sollt ihr das jetzt hier erleben." Und da traten auf diese Worte hin alsbald die oben genannten Helden in ihrer damals gebräuchlichen Rüstung in den Hörsaal, einer nach dem anderen hinein, haben sich frei umgesehen und sodann, als ob sie erzürnt wären, die Köpfe geschüttelt, welchen als letzter folgte der greuliche Riese Polyphem, der nur ein Auge mitten auf der Stirn gehabt hatte und einen langen, zotteligen, feuerroten Bart, dem ein Kerl, den er gefressen hatte, noch mit einem Schenkel zum Maul zuckend heraushing. Der sah so gräßlich aus, daß ihnen allen die Haare zu Berge standen, und sie vor Schrecken zitternd und zagend nicht wussten, wohin sie fliehen konnten. Darüber hat Faust aber herzlich gelacht und ihnen einen nach dem anderen mit Namen vorgestellt und sie so wie er sie gerufen, auch wieder ordentlich hinausgehen geheißen, was sie auch taten, bis auf den einäugigen Cyclop oder Polyphem, der sich gebärdete, als wolle er nicht weichen und noch einen oder zwei fressen, wodurch die Studenten noch mehr in Schrecken gerieten, zumal er mit seinem großen und dicken Spieß, der mit Eisen beschlagen war und einem Weberbaum glich, auf den Boden stieß. daß der ganze Hörsaal schwankte und erzitterte. Aber D. Faust winkte ihm mit einem Finger, da traf er auch die Tür, so beendete also der Doktor seine Lektion, die alle Studenten sehr zufrieden stellte, daß sie hinfort keine solchen Vorstellungen mehr von ihm begehrten, weil sie begriffen hatten, welche Gefahren hierbei zu befürchten waren.

Doktor Faust will die verlorenen Comoedien Terentii *und* Plauti *alle wieder ans Licht bringen.*

Nicht lange danach, als eine *Promotion* in der Universität anstand und etliche zu Magistern gemacht wurden, hat sich unter den Philosophen ein Gespräch zugetragen über die Nutzung des lateinischen Comoedien Schreibers Terentius von Karthago aus Afrika gebürtig, wie nämlich derselbe nicht allein der lateinischen Sprache und schöner Lehren und Sprüche wegen in den Schulen gepflegt und der Jugend vorgelesen werden sollte, sondern auch, weil er viele Stände in der Welt, sowie gute und böse Personen derselben mit allen ihren Eigenschaften zu beschreiben weiß, als wenn er in der Menschen Herz sehen könnte und eines jeden Absichten und Gedanken wie ein Gott erkennen könnte. Das könne jeder bestätigen, der diesen Poeten richtig lese und verstünde. Und noch erstaunlicher: Man kann daraus sehen, daß zu der Zeit die Menschen genauso geartet waren und mit den gleichen Sitten gelebt haben, wie es jetzt in der Welt zugeht, obgleich das etliche hundert Jahre vor Christi Geburt geschrieben worden ist. Allein das ist beklagt worden, daß die edelsten, nämlich 108, von ihnen so schändlich durch einen Schiffbruch untergegangen und umgekommen sind, worüber er, der Terentius selber, sich auch zu Tode gegrämt haben soll, wie Ausonius berichtet. Gleiches wird auch von Plautus erzählt, der ebenso wie Terentius aus den oben erwähnten Gründen in den Schulen notwendig und nützlich zu lesen und zu behandeln wäre, wenn auch 41 oder mehr seiner Comoedien nicht mehr zu haben sind, weil diese entweder durch Wasser- oder Feuerschäden verdorben sind.D. Faust hat diesen Gesprächen lange und aufmerksam zugehört, und über die beiden Poeten gleichermaßen und viel mehr, als die anderen, gewusst und eine Reihe von schönen Sprüchen aus den verlorenen Comoedien zitieren können, worüber jedermann von ihnen sich heftig verwunderten und ihn fragten, woher er wüßte, was in den Comoedien stünde? Darauf hat er ihnen erklärt, daß nicht so viele vollkommen vernichtet seien oder nicht mehr vorhanden wären, wie sie meinten, sondern, daß es ihm ohne weiteres möglich wäre, wenn es den anwesenden Theologen nicht zuwider wäre, bei denen er sonst nicht den besten Ruf hätte, alle Schriften der beiden Poeten, sie möchten verloren sein oder verdorben, wieder ans Licht zu bringen, jedoch nur für einige Stunden; wollte man sie aber für länger haben oder behalten, dann könnte man viele Studenten, Notarien und Übersetzer anstellen und alles in einem Rutsch abschreiben lassen, so könnte man sie später, genau wie die anderen jetzt vorhandenen sind, haben und lesen. Das wurde den Herren Theologen und den Vornehmsten des Rates vorgetragen und man ließ ihm die Antwort zukommen: Wenn er nicht könnte oder wollte, diese Bücher rechtmäßig und auf Dauer herbeizuschaffen, daß man sie nach Belieben nutzen könnte, so bedürfte man seines Anerbietens nicht; denn es gäbe im übrigen genug Autoren und gute Bücher, woraus die Jugend die rechte und korrekte lateinische Sprache lernen könnte, und es stehe zu befürchten, daß der böse Geist in die neu erfundenen allerlei Gifte und ärgerliche Beispiele einschieben könnte, wodurch also mehr Schaden als Nutzen erwachsen könnte. Deswegen bleibt es bis zur Stunde bei den bisher gehabten Comoedien des Terentius und Plautus, und die verlorenen verbleiben an den Orten, wohin der Teufel sie gebracht hat, so daß also D. Faust in dieser Sache kein Meisterstück hat vorlegen können.

Eine zweite Geschichte, wie D. Faust zufällig in ein Zechgelage gerät.

In der Schlössergasse zu Erfurt gibt es ein Haus zum Encker genannt, in dem seinerzeit ein Stadtjunker wohnte, dessen Name verschiedener Ursachen wegen hier nicht genannt werden soll, bei welchem sich D. Faust die ganze Zeit, die er in Erfurt verbracht hatte, meistens aufgehalten hat, und auch allerlei absonderliche Possen und Kurzweil, insbesondere, wenn etwa eine Gesellschaft bei ihm war, was denn beinahe täglich der Fall war, und lustig sein wollte, ausgeübt und angerichtet hat. Nun hat sichs zugetragen, daß der genannte Faust für eine Zeit, als der Junker viel gute Freunde zu Abend zu sich eingeladen hatte, nicht daheim, sondern in Prag beim Kaiser gewesen ist. Da aber die Junker viel Spaß mit ihrem Freund gehabt haben und sie ihn of zu sehen wünschten, hat si ihr Gastgeber nun bescheiden müssen, daß er jetzt nicht zu bekommen sei, da er weit weg, nämlich in Prag wäre, wobei sie es eine Weile beließen, aber bald danach wieder anfingen, ihn bei sich zu wünschen und einer hat ihn im Scherz mit Namen gerufen und gebeten, er möge zu ihnen kommen und ihre gute Gesellschaft nicht im Stich lassen. In dem klopft jemand heftig an die Haustür. Der Hausknecht fragt von oben zum Fenster hinaus, wer da sei, da steht Dokt. Faust vor der Tür, hat sein Pferd am Zügel, wie jemand, der gerade abgestiegen ist, und sagt zum Hausknecht, ob er ihn denn nicht erkenne, er sei es doch, den man gerufen habe. Der Hausknecht rennt sofort hinein zum Herrn, bevor er öffnet, und sagt, D. Faust stehe vor der Tür und habe geklopft, Der Junker im Hause sagt, er phantasiere wohl, er wisse genau, wo Faust sei und der könne jetzt nicht vor der Tür stehen. Der Knecht aber bleibt bei seiner Meldung. In dem klopft Faust noch einmal an, und als der Herr selbst neben dem Knecht hinaus sieht, ist es Dokt, Faust, weshalb man ihm die Tür öffnet und ihn begeistert empfängt. Des Junkers Sohn bittet ihn, er würde gleich mit ihm zu seinem Vater und den Gästen hinein gehen, und nimmt sich des Pferdes an und verspricht, ess mit ausreichend Futter zu versorgen, was er aber nicht einhalten kann, wie wir noch sehen werden. Wie nun D. Faust hinein zu den Gästen kommt, wird er freundlich begrüßt und an den Tisch gebeten. Der Hausherr fragte ihn, wie er so schnell zurückgekommen sei. Darauf antwortete er, das habe er seinem Pferd zu verdanken, weil mich die Herren Gäste so sehr verlangt hätten, und ihn gerufen hätten, habe er ihnen willfahren und hier bei ihnen erscheinen wollen, obwohl r nicht lange bleiben könne und vor Morgen wieder in Prag sein müsse.. Darauf legten sie ihm reichlich zu essen vor und tranken ihm redlich zu, bis er einen ordentlichen Rausch bekam, da fing er an, seine Possen mit ihnen zu treiben und fragte sie, ob sie nicht vielleicht auch einen oder zwei ausländische Weine versuchen möchten? Als sie das bestätigten, fragte er, ob es ein Reinfal[62], Malvasier, Spanischer oder Französischer Wein sein solle, worauf einer lachend sagt, sie seien alle gut. Faust verlangt einen Bohrer und beginnt, in der Tischplatte seitlich vier Löcher zu bohren, die er mit Zapfhähnen versieht, wie man sie in die Weinfässer zu stecken pflegt und verlangt nach frischen Gläsern. Als das geschehen, öffnet er nacheinander die Zapfhähne und läßt aus der trockenenen Tischplatte, wie aus vier Fässern jedem, das was er von den zuvor genannten Weinen wünscht in die Gläser rinnen. Darüber staunen die Gäste sehr und sind guter Dinge. Indem kommt des Junkers Sohn und sagt: " Herr Doktor, Euer Pferd frisst, als ob es toll wäre; ich möchte lieber 10 oder 20 Gäule füttern, als dieses eine, es hat mir bereits etliche Scheffel Hafer verschlungen und sieht sich nach immer mehr um!" Darüber lachte nicht nur Faust, sondern auch alle, die es hörten, Als aber der Sohn sagte. er wolle sein Versprechen halten, und ihm Futter genug geben, und sollten es auch mehrere Malter sein, sagte Faust, er solle es gut sein lassen, es habe für heute genug Futter bekommen.; denn es fresse wohl allen Hafer, den es kriegen könne, bevor es aufhöre. Das Pferd war aber niemand anderes als sein Geist Mephistophiles, der wie zuvor schon gesagt, sich in ein Pferd mit Flügeln, wie der Poeten *Pegasus* verwandelte, wenn Faust eilends

[62] Reinfal] = ein Wein aus Dalmatien

verreisen wollte. Mit solchen und anderen Possen verbrachten sie den Abend bis gegen Mitternacht, da tat Fausts Pferd einen hellen Schrei, daß man es weit über das Haus hören konnte. Jetzt muss ich eabr fort, sagte Faust und wollte ihnen Gute Nacht wünschen, aber sie hielten ihn und baten, er möge noch eine Weile bleiben. Da machte er einen Knoten in seinen Gürtel und sagte, er würde noch ein Stündlein bleiben. Als das vorbei war, schrie das Pferd abermals laut, da wollte er wieder fort, ließ sich aber bewegen durch die Gesellschaft, noch eine weitere Stunde zu bleiben und machte einen zweiten Knoten in seinen Gürtel. Wie aber diese auch abgelaufen war, und das Pferd den dritten Schrei tat, wollte er auf gar keinen Fall länger bleiben, noch sich aufhalten lassen, nahm seinen Abschied von ihnen, da er jetzt endgültig fort müsse. Da geleiteten sie ihn bis an die Haustür, ließen ihm sein Pferd bringen, er saß auf und ritt dahin, die Schlössergasse hinauf. Er war aber kaum drei oder vier Häuser weit gekommen, da schwang sich das Pferd mir ihm auf dem Rücken in die Luft, daß die ihm nachsahen, ihn nicht mehr ausmachen konnten, er war vor dem Morgen wieder in Prag, erledigte dort seine Geschäfte und brachte einige Wochen später viele Schriften und Neuigkeiten vom Kaiserhof mit, als er wieder nach Hause kam.

Wie D. Faust selbst ein Gastmahl ausrichtet.

Als D. Faust von Prag wieder nach Hause gekommen war und von den österreichischen Herren und anderen Fürsten und Grafen, die sich damals an des römischen Kaisers Hof aufhielten, viele kostbare Geschenke mitgebracht hatte, dachte er an die gute Gesellschaft, die ihn aus Prag in den Encker gerufen hatte, und erinnerte sich mit Vergnügen an die Gespräche und die kurzweilige Gesellschaft. Deshalb, um die Bekanntschaft mit diesen, die ihm zuvor zum Teil unbekannt gewesen waren, zu pflegen und auch um Dankbarkeit ihnen zu zeigen, lud er sie alle wiederum zu sich in sein Haus, das er unweit des großen Kollegiums in Erfurt bei St. Michael hatte. Sie erschienen alle erwartungsfroh, nicht allein wegen des Essens und Trinkens, sondern weil sie hofften, wieder erstaunliche Schwänke von ihm vorgesetzt zu bekommen, was auch geschah. Denn als sie sich nacheinander einstellten, bemerkten sie weder Feuer noch Rauch, auch weder Essen noch Getränke, noch sonst irgendwas zum Besten, doch ließen sie sich nichts anmerken, waren lustig und dachten, ihr Gastgeber werde schon wissen, wie er seine Gäste zufrieden stellen könnte. Wie sie dann alle beisammen waren, bat er sie, sie möchten sich die Zeit nicht lang werden lassen, er wolle sie bald zu Tisch bitten und auftragen lassen, klopfte dann mit einem Messer auf den Tisch. Da kam einer zur Stube herein, als ob er ein Diener wäre und fragte: "Herr, was wollt Ihr?" Dokt. Faust fragte: " Wie schnell bist du?" Er antwortete: " Wie ein Pfeil! " Oh nein, sagte Faust, du dienst mir nicht! Geh wieder dahin, woher du gekommen bist. Nach einer kleinen Weile klopfte er wieder mit dem Messer auf den Tisch, da kam ein anderer Diener herein, fragte, was sein Begehren sei. Den fragte Faust, wie schnell er denn sei. Der antwortete, wie der Wind." Das ist nicht schlecht! ", sagte Faust, " aber nicht genug, geh hin, woher du gekommen bist." Nach kurzer Zeit klopfte Dokt. Faust zum drittenmal auf den Tisch, worauf wieder einer eintrat, der sehr sauertöpfisch aussah und fragte, was er solle. Dem sagte der Doktor, er solle ihm sagen, wie schnell er sei, dann werde er ihm sagen, was er tun solle. Der sagte, er sei so geschwind wie die Gedanken der Menschen. Da sagte Faust zu ihm, er sei der rechte, er solle es tun, stand auf und ging mit ihm vor die Tür, sandte ihn aus und befahl ihm, was er an Essen und Trinken holen und ihm bringen sollte, damit er seine lieben Gäste auf das Beste bewirten könne. Dann ging er wieder hinein zu seinen Gästen, ließ sie Wasser nehmen für die Hände und zu Tisch sitzen. Nachdem das geschehen, kam schon sein schneller Diener mit zwei Gesellen herein, die jeder drei gedeckte Schüsseln trugen, wie sie bei Hofe gebräuchlich sind, die sie auf den Tisch setzten, darin befanden sich die besten, herrlichsten Gerichte von Wild, Geflügel, Fisch, Gemüse, Pasteten aufs köstlichste bereitet, und solcher Aufzug geschah viermal, so daß zusammen 36 Gerichte gereicht wurden, ohne das Obst, Konfekt, Kuchen und anderen Nachtisch, die zum Schluss aufgetragen wurden.Alle Gläser und Kannen standen leer auf dem Tisch, und wenn einer trinken wollte, fragte ihn Faust, welchen Wein oder Bier er begehrte, wenn er seinen Wunsch geäußert hatte, nahm Faust das Trinkgeschirr, setzte es vor das

Fenster und im Nu war es voll des gewünschten Getränks, als wenn es frisch aus dem Keller käme oder gezapft sei. Daneben gab es auch allerlei Saitenspiel und Instrumente, auf denen einer der Diener so vollendet spielen konnte, wie es noch keiner sein Lebtag zuvor gehört hatte; er konnte auch verschiedene Instrumente zu gleicher Zeit zusammen spielen, wie Lauten, Pfeifen, Posaunen, Trommeln und Becken, obwohl man doch ihn allein sah.. In Summa: Es mangelte da nichts an allem, was der Fröhlichkeit diente, und es gab nimanden, der mehr verlangte. So brachten sie beinahe die ganze Nacht hin, bis in den hellen Morgen, wo er jeden wieder nach Hause gehen ließ.

Ein Mönch will Doktor Faust bekehren.

Das Gerücht von Doktor Faust und seinen seltsamen Abenteuern verbreitete sich rasch, nicht nur in der Stadt Erfurt, wo er die vorgenannten und weitere Possen angerichtet hatte, sondern auch auf dem Lande, weshalb viele Adlige und junge Ritter von den benachbarten Fürsten - und Grafenhöfen sich in Erfurt einfanden, um seine Bekanntschaft zu suchen, damit sie vielleicht etwas Wunderliches von ihm zu hören oder zu sehen bekämen, wovon sie früher oder später erzählen könnten. Und weil dieser Zulauf so groß war, daß die Besorgnis entstand, es könnte die zarte Jugend verdorben und manche auch verführt werden, auch Lust auf dergleichen Schwarzkunst zu bekommen, weil sie es nur für Scherz und Taschenspielerei hielten und nicht vermeinten, daß die Seelen davon Schaden erleiden könnten, wurde von einigen besorgten Verständigen ein berühmter Barfüßer Mönch, D. Klinge genannt, der auch mit D. Luther und D. Lange gut bekannt war, angesprochen, weil er auch mit Faust gut bekannt war, er möchte ihm doch ernstliche Vorhaltungen machen und seine Leichtfertigkeit verurteilen, und versuchen, ob er ihn nicht aus des Teufels Klauen erretten könnte. Der Mönch nahm das auf sich, ging zum Faust, sprach zunächst freundlich, danach aber streng mit ihm über Gottes Zorn und die ewige Verdammnis, die ihm wegen seiner Verfehlungen bevorstünde und sagte: Er wäre doch ein anständiger und gelehrter Mann, der sich leicht in Gottesfurcht und ehrlich ernähren könnte, und sollte dem Leichtsinn, wozu er sich vielleicht in der Jugend durch den Teufel, der ein Lügner und Mörder sei, hätte verführen lassen, abschwören, GOTT seine Sünden bekennen und abbitten, dann könnte er noch Vergebung erlangen, weil Gottes Gnade niemals ende, etc. D. Faust hörte ihm geduldig zu, bis er ausgeredet hatte, dann sagte er: " Mein lieber Herr, ich erkenne, daß Ihr es gern gut mit mir sehen möchtet, ich weiß auch alles wohl, was Ihr mir jetzt vorgehalten habt. Ich habe mich aber zu hoch verstiegen, und mich mit eigenem Blut dem üblen Teufel verschrieben, daß ich mit Leib und Seele ewig ihm gehöre, wie kann ich denn zurück oder wie könnte mir geholfen werden?" Der Mönch antwortete: " Das kann trotzdem geschehen, wenn Ihr Gott um seine Gnade und Barmherzigkeit inbrünstig anruft, wahre Reue zeigt und Buße tut, und Eure Sünden bereut und gänzlich davon ablasst, und Euch fortan jeglicher Zauberei und Gemeinschaft mit dem Teufel enthaltet und niemand mehr schadet oder verführt, dann wollen wir auch Messen in unserem Kloster für Euch halten, daß Ihr den Teufel los werdet." " Messen hin oder her," sagte D. Faust, " meine Zusage bindet mich so fest; ich habe Gott mutwillig verachtet und bin meineidig und treulos an ihm geworden, ich habe dem Teufel mehr geglaubt und vertraut, als ihm.Darum kann ich nicht zu ihm zurückkehren oder auf seine Gnade, die ich verscherzt habe, hoffen. Außerdem wäre es nicht zu meiner Ehre, noch zum Ruhme, wenn man mir nachsagte, daß ich meinen Vertrag mit Brief und Siegel mit meinem Blut geschrieben gebrochen habe, wo mir der Teufel doch redlich gehalten hat, was er mir versprochen hat, Daher will ich ihm auch redlich halten, was ich ihm zugesagt und schriftlich bestätigt habe. Da der Mönch das hörte, sprach er voller Zorn: " Dann fahr dahin, du verfluchtes Teufelskind, wenn du dir nicht helfen lassen und es nicht anders haben willst! " Und er verließ ihn und zeigte dies dem Rektor der Universität und dem Ehrenwerten Rat an, worauf der Beschluss erging, daß D. Faust seinen Stab nehmen und Erfurt verlassen müsse.

FINIS

DANKSAGUNG

Nachdem ich dieses Vorhaben nun endlich zu einem Ende gebracht habe, und alle Tipp -und sonstige Fehler, die einem ungeübten Amateur beim Schreiben auf einer Computertastatur (Neudeutsch: Keyboard) nun einmal zwangsläufig unterlaufen, hoffentlich beseitigt habe, ist es mir ein besonderes Herzensanliegen, mich bei allen denen in gebotener Form zu bedanken, die durch ihre selbstlose Hilfe bei der Beseitigung von Schwierigkeiten im Hard - und Softwarebereich des PC es mir überhaupt erst ermöglichten, dem Verlag eine druckreife Unterlage zu liefern.

An erster Stelle gilt mein Dank Herrn Professor Dr. Uwe Meves, Bereich Mediävistik der Carl von Ossietzki - Universität, Oldenburg, bei dem ich in intensiven Lektüre- Kursen (Fortunatus, Dil Ulenspiegel u.a.) Gelegenheit hatte, Früh -neuhochdeutsche Grammatik und Orthografie zu üben.

Dann habe ich Frau Wilma Wilms, Wardenburg, auch diesmal wieder für ihre bewährte Hilfe bei der Überwindung von Schwierigkeiten formaler Art der Textverarbeitung zu danken.

Weiter danke ich sehr herzlich Frau Wiebke Seeber, Oldenburg, und Herrn Wolfgang Orth, Rastede, für ihre erfolgreichen und aufwändigen Bemühungen, einige Störungen am Drucker zu beseitigen, sowie Herrn Werner Meinders, Oldenburg, für wertvolle Hilfe und Ratschläge bei der Textverarbeitung.

Oldenburg, im Juli 2004

G. W.

ibidem-Verlag
Melchiorstr. 15
D-70439 Stuttgart
info@ibidem-verlag.de
www.ibidem-verlag.de
www.edition-noema.de
www.autorenbetreuung.de

Zeitfracht Medien GmbH
Ferdinand-Jühlke-Straße 7
99095 Erfurt, Deutschland
produktsicherheit@kolibri360.de